HACCP《ハサップ》を逆利用してガッチリ

持続可能な
繁盛飲食店に
な

市民法務行
特定行政書士
著者：神宮司道宏
出版社：日本橋出版

HACCP
義務化

はじめに

２０２０年（令和2年）６月1日、１５年ぶりに食品衛生法が改正され施行されました（完全施行は令和3年6月1日）。

本書を手にされた読者の方々に大きく影響を及ぼすのはＨＡＣＣＰ（ハサップ）に沿った衛生管理の制度化と営業許可制度の見直し、営業届出制度の創設、食品衛生責任者等の選任です。特にＨＡＣＣＰの義務化は飲食店を営む方々にとっては手間のかかる内容といえます。

また、この規定は任意規定（努力義務）ではなく、強行規定…、つまり実施せず、あまりにも横着な場合には罰則が科せられる可能性もあります。

生活者目線からすれば大変良いことですし、何よりも食中毒が毎年発生し大幅な減少がみられない中で、今回の改正内容による体制強化は食品の安全に寄与するものとして評価できます。

一方、詳しくは後述しますが、提供するメニューの全てを非加熱、加熱、加熱後冷却、もしくは再加熱して提供するメニューを区分・見える化し、これまでの衛生管理を詳細に記録していくなど、ただでさえ日々の業務や人手不足、売上への努力、加えてコロナ対策などに追われている飲食店にとっては、心理的にも実務的にも非常にネガティブにならざるを得ません。

しかし、実はこの小規模食品事業者（以下「飲食店など」という）が実施していかねばならないHACCPの考え方を取り入れた衛生管理（以下「リテールHACCP」という）を法改正前に実施した飲食店などは様々な効果を上げています。

多くの飲食店オーナーから「そんなことをしていたら従業員の負担も重くなり、余分な時間もかかる！何よりも経費がかかるじゃないか！」という声を耳にします。

しかし、飲食店などが実施するリテールHACCPそのものは全く難しくありません。ただ、それを実践するための様々な要素の組み合わせが必要です。

近年、法律の施行に向けて、政府機関もしくは公的業界団体はできるだけ易しくできるガイドブック（手引書）を公表し、リテールHACCPへの導入を促進しています。それはそれで大変分かりやすく優れた資料です。

しかし、私からするとそれを実践するための行動の習慣化、内部組織体制の確立、働く側のモチベーション、保健所が認めてくれる、より簡単な計画や記録ツールの創造など俯瞰的で立体的なアプローチが必須です。

本書は「もっと楽しく！簡単に」をコンセプトに、今回のリテールHACCPが整理でき、かつ、スタッフの人間力やお店の場力アップ、持続可能なお店創りのヒントなどの内容も紹介しています。

また、コロナというモンスターの出現でお客様の衛生管理への意識の高まりも強くなっており、飲食店の10年後の未来予測も視野に入れた衛生管理に関する実行が重要であることを記述しています。

ぜひ、HACCPの義務化をチャンスと捉《とら》えて、本書の内容を活用頂き、簡単で楽で、効果的なリテールHACCP実施と共にお店の売上も同時にアップ頂ければと思います。

2021年1月31日　神宮司　道宏

目次

CHAPTER 2 リテールＨＡＣＣＰを行う上で必要な計画書の作成

CHAPTER 3 実施前に、知っておいてほしいことと心構え

CHAPTER 4

リテールＨＡＣＣＰを実行するとなぜ売上もあがるのか？

CHAPTER 5 飲食店は地域活性化の起点になる！

リテールHACCPの取り組みが
義務化される事を
ご存知ですか？

CHAPTER 1

リテールHACCPとは？
～概要を理解しよう～

01 HACCPとは

もともと、HACCP（ハサップ）は1960年代に宇宙飛行士用の安全な食品を作るためにNASA（アメリカ航空宇宙局）によるアポロ計画で宇宙食の完全性確保のために開発された管理方法です。

平たく言えば、**一定のルールに従ってしっかり管理すれば食中毒を防ぐことが出来るという優れた管理方法**です。

その後、この優れた管理手法は、国際的な政府間機関のコーデックス委員会により導入。現在は世界的に運用され、食品安全管理の国際標準として世界各国や地域が参加し、導入が広がっています。

日本は1966年に加盟しています。

それではHACCPの管理手法とは、具体的にどのような管理をするのでしょうか？

HACCPとは、原材料の受入れから最終製品までの各工程ごとに、微生物、化学物質、金属の混入などの潜在的な危害要因を分析・特定（危害要因の分析：Hazard Analysis）した上で、危害の発生防止につながる特に重要な工程（重要管理点：Critical Control Point）を継続的に監視・記録する工程管理のシステムのこと…と厚生労働省のホームページでは紹介されています。なんだか難しいこと言ってますよね。

つまり、Hazard Analysis と Critical Control Point のそれぞれの頭文字を取ってＨＡＣＣＰという名称になっています。

ざっくり表現すればどんな問題が起こりそうか洗い出して、その問題を引き起こす状況を把握、継続的にチェックする。という事になります。

02 HACCP義務化の背景

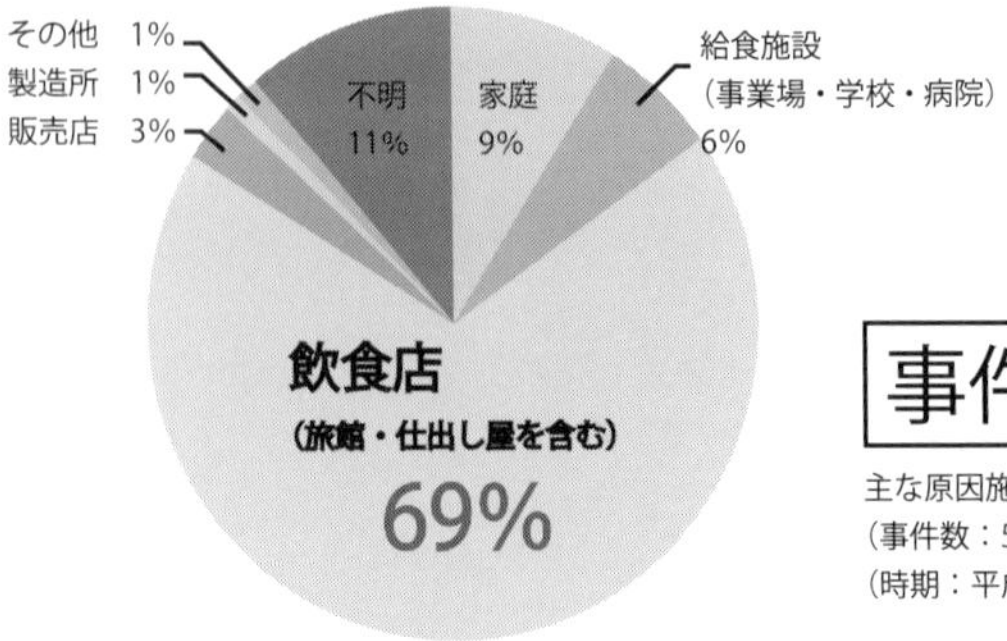

事件数

主な原因施設別発生状況
（事件数：5,262件）
（時期：平成25～29年）

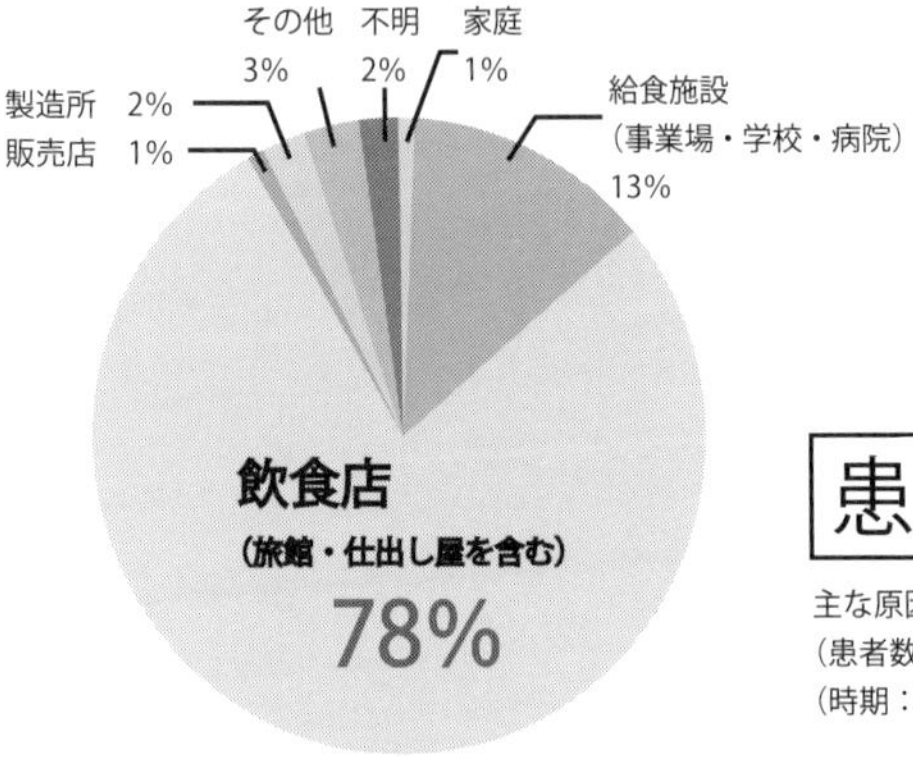

患者数

主な原因施設別発生状況
（患者数：99,591件）
（時期：平成25～29年）

公益社団法人日本食品衛生協会発行／新訂
食品衛生責任者ハンドブック - 第3版 - 48ページより引用

食中毒事件は一時期からすると減少傾向ですが、下げ止まりの横ばいというのが最近の状況です。

その中でも注視すべきは、**事件数・患者数ともに飲食店の比率が高い**点です。（図：参照）

飲食店にとって食中毒を発生させることは死活問題です。特に最近はＳＮＳなどの浸透によって情報が高速で広がっていく可能性が高いため、いわゆる風評被害の影響が昔と比べて格段に強くなっています。長きにわたって、真面目にコツコツ評判を得て実績を積み重ねてきたものが一瞬にして吹き飛んでしまいます。

その後の信用回復には相当なエネルギーや努力を要することは明らかです。

■場合によっては刑事的責任も

そのような社会的・道義的責任を負う一方で行政処分や刑事的責任、民事的責任も負う可能性もあります。

最大で行政処分としては営業停止や営業許可の取り消しもありえます。刑事的責任としては、個人の場合、最大で、3年以下の懲役、または３００万円以下の罰金、法人の場合1億円以下の罰金です。民事的責任としては、不法行為や債務不履行などによる損害賠償責任も負わされることになります。

前述の内容は、よほど悪質なケースの想定です。しかし何度も言いますが、**長年培ってきた信用や信頼が一瞬にして消えてしまう**ことをまず年頭においてほしいと思います。

03 リテールＨＡＣＣＰとは

ＨＡＣＣＰは、大きく「ＨＡＣＣＰに基づく衛生管理（大規模な食品工場など）と」取り扱う食品の特性等に応じた取組、**「ＨＡＣＣＰの考え方を取り入れた衛生管理（小規模事業者）」**に分けられます。

少し前は前者をＡ基準、後者をＢ基準などと言っていました。Ａ基準は大規模な食品工場などで採用され自社の製品特性や対象となる消費者、施設環境に応じてＨＡＣＣＰの７原則１２手順に則った大がかりな衛生管理を求めています。

本書で関係の深い方々は、Ｂ基準にあてはまる方々になります。このリテールＨＡＣＣＰこそが、皆さんが実施していかれるものとなります。

HACCP の考え方を取り入れた
衛生管理＝リテール HACCP
ここは理解しておこう。

■適用される事業者

「ＨＡＣＣＰの考え方を取り入れた衛生管理」が適用となる事業者は以下になります。

小規模事業者、その店舗での小売販売のみを目的とした製造、加工および調理事業者、提供する食品の種類が多く変更頻度が頻繁な業種の事業者、一般衛生管理の対応で管理が可能な業種の事業者です。

具体的には、中華料理店・和食処などの飲食店、食べ物を提供する喫茶店、居酒屋、給食施設や洋菓子店、青空市（マルシェ）やビルの片隅でお弁当などを販売している移動販売や露店販売も対象になります。

飲食に関わるお店のほとんどです。

04 リテールHACCP一連の流れと概要

前述で少し触れましたが、リテールHACCPは、一定規模以上（食品メーカーさんなどの規模の大きい製造業など）の食品事業者以外の小規模な飲食に関わる事業者が一般的な衛生管理と食中毒を起こすような**危険なポイント（温度管理など）を明確にして、その内容を見える化**させます。

そして、その**見える化した内容を毎日確認しながら記録、その記録した内容を一定期間保管し、一定時期に検証し、改善を繰り返していく**ことになります。

具体的な実施項目や内容は後述しますが、例えば、冷蔵庫などに食材を保管する際、食中毒を引き起こす菌を増やさないために現場では10℃～5℃以下などで温度設定していると思います。

冷蔵庫が故障していて、夏などの時期に庫内の温度が30度になってしまうと、食中毒を引き起こす微生物やウイルスがかなりの確率で発生している可能性が高いです。

そのような問題が発生した場合、それ以上の被害を避けるため、対処しなければなりません。**問題が発生した時の対処方法や事実も記録**していきます。

■必要な書類

では、提出する書面などはどのような書面を作成していかなければならないのでしょうか？

おそらく今後は、営業許可を取得する場合、あるいは、営業許可取得後の更新の申請時、立入り検査時などの際には、次のような書面の確認や提示を求められるケースが多くなると思われます。

(1) 衛生管理計画書（一般衛生管理計画書）
(2) 衛生管理計画の手順書や記録簿
(3) 重要管理計画書（モニタリング計画など）
(4) 重要管理計画書の記録簿
(5) 衛生管理計画と重要管理計画実行時の問題対応内容と記録

■各計画書の概要について

一つ一つ概要を見ていきましょう。

まず、(1)の衛生管理計画書ですが、衛生管理とは通常、飲食業に関わる方々が実施されている7S…、いわゆる**整理、整頓、清掃、清潔、躾《しつけ》(習慣化)、洗浄、殺菌と**いう内容と同義です。

これらの衛生管理をいつ?、どのような方法で?、誰が?何を確認するか?そして、問題が生じたときにどのような対応をするか?の計画です。

(2)の衛生管理計画の記録簿は、ざっくり言うと**「一般的衛生管理と温度管理」の記録表**です。

こちらも詳しくは後述しますが、食材を保存したり、調理する場面(工程)で、食中毒の危険発生のリスク防止(つけない・増やさない・やっつける)と温度管理が最大のポイントです。

(3)の重要管理計画書は、あなたのお店で、食中毒を引き起こす**危害要因**(ノロウイルスやアニサキス、カンピロバクターなどの微生物系、農薬や洗剤やフグ毒のような化学物質系等)をやっつけるポイントはどこか?について、冷やしたまま提供する商品、加熱して提供する商品など提供メニュー毎に区分して整理する計画書のことです。

(4) の重要管理計画書の記録簿は、(3) の内容の記録簿です。

(5) の衛生管理計画と重要管理計画実行時の問題対応内容と記録は、材料の仕入れに始まり、仕込みをしたり、冷蔵庫などに食材を保管したり、加工したり、注文を受けてから食品を提供するまでに、ほどよく順調に作業が運べば問題ありませんが、何かの問題が発生した際にあなたのお店ではどのような対処方法をおこないますか？ということを**事前に想定して計画に盛り込む**ことになります。

以上のように5種類の関係書面を準備することになります。

■リテールＨＡＣＣＰは、今までやってきたことの延長

飲食店で働く上での基本的な行動方針をご存知ですか？

(1) Q／クオリティ【品質】
(2) S／サービス【接客】
(3) C／クレンリネス【清潔さ】

という3つの要素のことです。

これまでの内容を読まれて、似たようなことは「すでにやっている」という方もいるかと思います。

そもそも食中毒を防いだりするための衛生管理なので、何らかの対応をしている方が多いかもしれません。

そのような方にとっては、リテールＨＡＣＣＰは今までの取り組みの延長とも言えるでしょう。

これを機会に今まで以上に優れた衛生管理ができることを目指してほしいと思います。

全く新しいことばかりをするわけではありません。

■今後の飲食店に義務化されるルール

　これから具体的にほとんどの小規模飲食事業者に義務化となる「ＨＡＣＣＰの考え方を取り入れた衛生管理」＝リテールＨＡＣＣＰについてのお話をさせて頂きます。

　ちなみに義務化というのは「できれば実施してください」という努力義務ではなく、「必ずしなさい！」という強制的なものです。このような規定を法律的には強行規定といいます。では何のためのルールなのか？

　それは前述した食中毒、これを少しでも減らすために**「一定の様式に従って衛生管理をしてください」というルール**になります。めんどくさいな～と思う方もいるかもしれませんが、よく考えてください。**お店を危機的な状況にする食中毒、これが未然に防げる可能性が高まる**のです。そう考えると、ルール化してくれてありがとう！と思えてきませんか？

　食べた食品が原因で嘔吐や下痢など健康を害してしまったり、食べた食品にガラスや金属片などの異物が入っていた為、口の中を怪我してしまったなど、最悪の場合、後遺症が残ったり、死に至ることさえありえます。

コラム　珈琲ブレイク／行政書士とＨＡＣＣＰ手続き

「求められる手続き」を読まれて、あなたはどのように感じられたでしょうか？なんだか面倒だな？難しそうだな？あるいは自分でできるだろうか？といった感想でしょうか？少し行政書士の宣伝になるかもしれませんが、行政書士と今回のＨＡＣＣＰの手続きに関して少しだけ書かせて頂きます。

まず、飲食店の営業許可や更新手続きというのはあなた自身でできますし、それが本来の姿です。本書もリテールＨＡＣＣＰの内容を理解して頂き、ご本人でできるような内容を記述させて頂いています。

ご存知かと思いますが、登記の申請、税務申告、今回のような官公庁（保健所など）への手続申請はご本人が前提です。でも、日常の業務が忙しい、専門的すぎて分からない…、分かるけど時間がない…などの理由から司法書士や行政書士や税理士などの士業が存在します。

それらの士業の方々は専門知識の勉強をして、国家試験に合格した方々ですので、各分野の専門家であり、各士業の法律でこの分野の業務は行政書士だけしかできない、司法書士だけしかできない…などが決まっています。このようなことを独占業務などと業界では言っています。

さて、行政書士の場合、一部を除いて官公庁への許認可などの申請がいわゆる独占業務にあたります。官公庁への手続書面は何千種類もありますので、なんでもしますという行政書士の方もいれば、専門分野だけに特化して業務をされている方もいます。

もし、あなたご自身で申請する時間がない…、ちょっと自分ではできないということであれば、食品衛生法に詳しい近くの行政書士に依頼されるのも一つの選択肢です。

行政書士はそれらの手続きに関する代理人になることができます。つまり、あなたの代わりにあなたとして手続きを行えます。あなたから委任を受けた代理行為は本人が実施したことになるわけです（ただし、衛生管理計画書など、それ自体の作成は行政書士ではなく、ご本人が作成する必要があります）。

そういう意味では、しっかりヒアリングを実施してあなたの課題やベストな解決法などの提案をしてくれるかを見極めて委任されることをお勧めします。

また、行政手続法の改正に伴って行政書士法も改正され、行政書士の中でも別の講習を受けて考査に合格した特定行政書士という制度もできています。お役所に許可申請した際にお役所の処分（不許可など）も違法な場合や不当な場合には、不服申立や審査請求といった手続きもできるようになりました。

そのようなことも少し知って頂きながら、相談や依頼をされるのも良いかと思います。

【第1章のまとめ】

□　食中毒発生が、お店を危機的な状況にしてしまうということを理解する。

□　場合によっては刑事的責任など様々な責任が発生する可能性がある。

□　ＨＡＣＣＰとは広く認められている食中毒防止のための衛生管理手法。

□　リテールＨＡＣＣＰは今後ほとんどの飲食店に適用される。

□　リテールＨＡＣＣＰの流れは　見える化　記録　改善。

□　必要な書類を理解する。

□　リテールＨＡＣＣＰは今までの衛生管理活動の延長。

HACCPの具体的な知識と実践

CHAPTER

2

リテールHACCPを行う上で必要な計画書の作成

1 衛生管理計画の策定と具体的な日々の管理

01 衛生管理計画などの概要

■衛生管理計画書　改善計画書の作成と日々の記録（今からの内容は、この部分の内容です）
■重要管理点の把握、提供する食品の概要書
メニューごとの管理計画とチェックシート（↑重要管理計画書）

衛生管理計画の作成方法についてはリテールＨＡＣＣＰ（＝ＨＡＣＣＰの考え方を取り入れた衛生管理）のガイドブックなども存在します。それらもぜひ参考にして頂きたいのですが、概ね①計画の内容→②問題発生時の対応方法→③記録の方法という構成になります。

私が地元の管轄保健所で確認させて頂いた際に「できるだけ公的機関等のガイドブック（手引書）にそって実施してほしい」との回答を頂いています。ですので、その内容に大きな変更や修正、個人的な解釈や意見はできるだけ避けながら、解説をしています。

ただ、裏を返せば、今回の義務化は、食品の安全の確保のための施策の充実を通じ、国民の健康の保護が最大の目的ですので、あなたの運営されるお店で自信を持って、保健所が納得することを実施していれば、その様式に縛られることはないともいえます。

一般衛生管理計画は次の7つの項目となります。

(1) 原材料の受入の確認
(2) 冷蔵庫&冷凍庫内の温度の確認
(3) 交差汚染&二次汚染の防止
(4) 器具などの洗浄・消毒・殺菌
(5) トイレの洗浄・消毒
(6) 従業員の健康管理等
(7) 手洗いの実施

■調理場にはリスクがいっぱい

飲食店には様々な衛生上のリスクがあります。例えば図のようなリスクです。

他にも、衛生管理が不十分な業者から仕入れた食材にはリスクが潜んでいます。

また、肉のドリップが、サラダに付着してしまうリスクもあります。

製氷機の中にスコップが埋もれていたりすると、手についた危険な微生物がコップの柄を介して氷に移ってしまい、お客様の口に入ってしまうリスクも発生します。

一見綺麗に見える厨房施設のお店でも、安心はできません。リスクを理解し、自分のお店を冷静な目線でチェックし、改善に努めることで、リスクを減らすこ

☑誰が？
☑どのタイミングで？
☑どのような方法で？
☑何を確認するか？
☑問題が生じた時に
**　どのような対応をするか？**
・・・という計画を立てる。

とが大切です。

■計画を立てるために決めなければいけないこと

項目は７つありますが、それぞれについて基本的な考え方があります。それは上記の通りです。見ていくと、それほど難しいことではないことが分かります。衛生面のチェックを、きちんとするためには、当然念頭に置くべき基本的な考え方です。

02-①

衛生管理計画7項目の作成

原材料の受入の確認

なぜ必要？
仕入れ食材などの病原微生物による汚染や増殖、異物混入などを事前に防止するため

原材料の受け入れに関して、「なぜ必要か？」を理解した上で、どうするのかを決め、問題が発生した時の対応も検討・決定しておきます。

「原材料の受け入れの確認」の計画作成における留意点について箇条書きにまとめていますので、計画作成の参考にしてください。

□仕入れ先と決めておくべき内容の中で、冷蔵品・冷凍品・常温品の納品時の留意点としては、外観・匂い・包装状態・表示（期限や保存方法など）になります。

□生鮮食品については、店に入るまでの安定した温度管理が重要です。魚や肉は　４℃以下、青果物は、１０℃以下に。冷凍ものについてはマイナス１８℃以下が理想です。

□小分けについては、ビニール袋を使用し、個別包装して樹脂製の容器に入れてもらいましょう。（納品業者に確認）

断熱性と緩衝性の観点から発泡スチロールの利用もいいでしょう。

□ドリップの発生には気をつけて納入してもらいます。

□速やかに冷蔵庫などに保管、魚の鮮度には特に注意しましょう。

□日配品や一般食品については、賞味期限や消費期限の確認は重要です。なかでも冷凍食品の温度管理は徹底しましょう。他にも油を使用したものなどには注意です。

□箱が濡れていたり、異常を感じる場合は要チェックです。業者が厨房内に入るときには衛生面の対策を徹底するようにしましょう。不安な場合は入り口側を納品場所とするといいでしょう。

□原材料の異物チェックについては、途中で異物が紛れ込むケースや最初から付着しているケースがあります。原材料に紛れ込んだ異物（石、プラスチック、虫、カビ、ゴム片、ビニール、紙など）チェックを行いましょう。
夏場の野菜は周りの野菜にも伝染する為、ズルケ（傷み）などのチェックも大切です。

容器の二次利用の際には特に注意です。
□検品時は温度測定にも注意してください。納品時は立ち合いが基本です。
担当者不在時のルールも決めておきましょう。温度測定は商品に直接触れなくても良い放射温度計がいいでしょう。

単なる商品と数量の確認ではない検品の習慣をつけましょう。

明るい場所でのチェックを行い、専用の台を決め、調理台の上での検品はしないようにしましょう。

衛生面に不安のある業者は見直しも検討が必要です。

なお、これらのことに留意して「原料の受入」確認について、**一つの表にしておくと見やすく、効率的**です。

オリジナル記入シートに記入頂き、その用紙を記録用紙として併用頂ければと思います。もちろん、厚生労働省推奨の「ＨＡＣＣＰの考え方を取り入れた衛生管理」のガイドブックで紹介されている記入用紙でも良いかと思いますので、そちらについては、自由に活用頂いても構いません。

なお、次ページでご紹介するオリジナル記入シートは著者のホームページでエクセル版をダウンロードできます。ご自身のお店に合わせて、改造して活用頂ければと思います。

(https://tokkaexpert.com/?page_id=659)

▼衛生管理計画／原料の受入の確認用
オリジナル記入シート

※著者のホームページでエクセル版がダウンロードできます。

衛生管理計画　／　原料の受入　　店名			
番号	計画項目	計画実行内容	チェック欄（実行項目にチェック）
［1］	原材料受入確認	確認時期	
		注意点	
		確認方法	
		対応方法	
		その他	

□確認時期を検討します。通常は食材の受入時です。その他、お店によって異なりますが、梱包物の開封時などになります。

□注意点を考えます。

□確認方法を検討します。概ね記入見本のような内容になります。

□問題が発生した際の対応方法を検討してください。（見本参考）

□その他、あなたのお店で特に注意していることや注意点以外に記載しておく内容があれば記入します。

▼衛生管理計画／原料の受入の確認用 オリジナル記入シート 記入例

衛生管理計画　／　原料の受入　　店名			
番号	計画項目	計画実行内容	チェック欄（実行項目にチェック）
［1］	原材料受入確認	確認時期	□受入時　□使用時＆開封時
		注意点	□保管先に移動は出来たか？
		確認方法	□外観　□包装の状態　□におい　□期限を確認 □保存方法を確認
		対応方法	□写真を撮る　□仕入先に連絡　□問題事項記録 □返品　□返品＆交換
		その他	□業者に確認して返品

02-②

衛生管理計画7項目の作成

冷蔵・冷凍庫の温度の確認

なぜ必要？

保管（保存）時の細菌による汚染・増殖を防止するため

冷蔵・冷凍庫の温度の確認について、留意事項を箇条書きにまとめていますので、参考にしてください。

□保管する原材料に応じて、適切な保存温度が決まっています。**それぞれの温度を把握**しておくのはもちろんですが、**保存する場所も管理**しなければなりません。

□先に入れたものを先に出す事を徹底し、開封後も賞味期限や開封日付を明記し確認しましょう。

□冷蔵保管は10度以下、肉や魚ではドリップを抑え、発色を保つため4℃以下で保管します。冷凍保管ではマイナス18℃以下（世界基準　日本版ではマイナス15℃以下）が基準となります。

□熱々の料理を冷ますために冷蔵庫に入れたせいで温度が上がってしまう事もあります。氷水などで粗熱を取る工夫も必要です。1日に1回以上は確認し、問題があれば原因の確認、必要に応じて修理業者に連絡しましょう。

▼衛生管理計画／冷蔵庫＆冷凍庫の温度の確認用　オリジナル記入シート

※著者のホームページでエクセル版がダウンロードできます。

衛生管理計画　／　冷蔵庫＆冷凍庫の温度　　店名			
番号	計画項目	計画実行内容	チェック欄（実行項目にチェック）
［2］	冷蔵庫＆冷凍庫の温度確認	確認時期	
		注意点	
		確認方法	
		対応方法	
		その他	

□確認時期を検討します。記入見本以外に 11 時、17 時、22 時といった具合に時間を決めておくのも一つです。

□注意点を考えます。

温度計の定期的な確認や食材の期限などは必須といえます。

□確認方法を検討します。多くは冷蔵庫などに設置されていますが、そうでない場合は専用温度計で確認するなどです。

□問題が発生した際の対応方法を検討してください。（見本参考）

□その他の事項としては、各メーカーの一覧を作成しておくと対応がスムーズです。

▼衛生管理計画／冷蔵庫＆冷凍庫の温度の確認用　オリジナル記入シート　記入例

衛生管理計画　／　冷蔵庫＆冷凍庫の温度　　店名			
番号	計画項目	計画実行内容	チェック欄（実行項目にチェック）
［2］	冷蔵庫＆冷凍庫の温度確認	確認時期	□始業前　□作業中　□業務終了後　□その他（　　）
		注意点	□温度計の精度を定期的にチェック □保存している食材の期限も確認
		確認方法	□専用温度計で温度を測る
		対応方法	□原因究明　□温度再調整　□故障なら修理依頼 食材の状態によっては破棄もしくは加熱して提供。
		その他	□各メーカーの一覧も作成しておく。

02-③

衛生管理計画7項目の作成

交差汚染・二次汚染の防止

なぜ必要？
別の場所に細菌などが移るのを防止するため

交差汚染・二次汚染防止のポイントとなる器具の使い分けについて、留意事項を箇条書きにまとめていますので、参考にしてください。

□作業食材には多彩な菌がいます。そして、手指や器具、食材を経由して、菌は移動していきます。まな板や包丁の使い分けや下処理と仕上げ用の器具の使用を別にしましょう。

□生肉用と生食用を、別にしたり、調理場別にするのが理想です。

□保管方法としては、食材別に分けて保管や、上段と下段を使い分けましょう。加熱用と生食する食品が触れないようにしましょう。肉などが上段だとドリップが下に落ちるリスクがあります。

■交差汚染を防ぐために

汚染原因の発生自体をゼロにすることは不可能ですが、限りなくゼロに近づけることは可能です。人や食材、器具を通じて、広がってしまわないように、それぞれのポイントで対策が必要です。

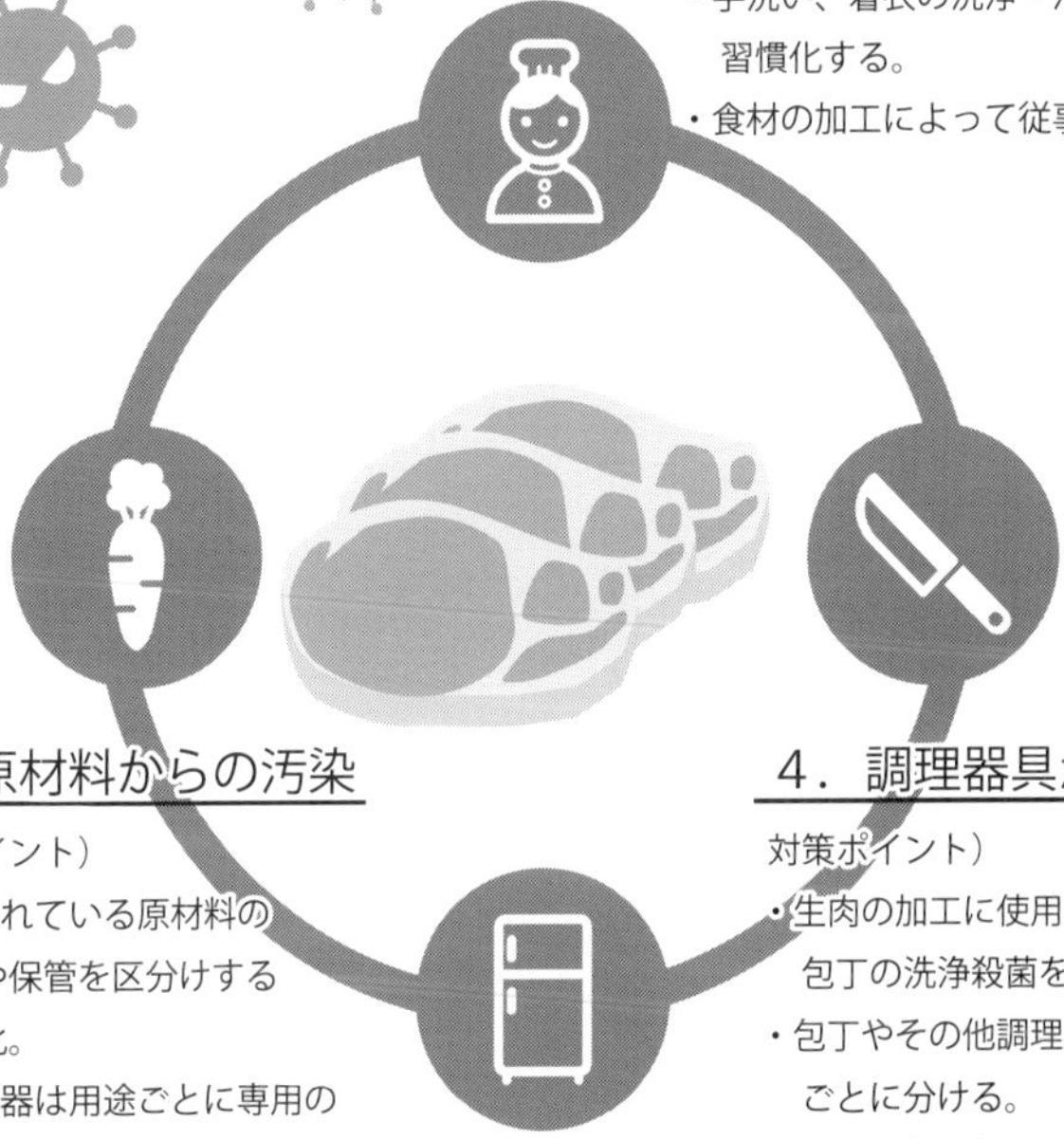

1．従業員からの汚染

対策ポイント）
・手洗い、着衣の洗浄・消毒などを習慣化する。
・食材の加工によって従事者を分ける。

2．原材料からの汚染

対策ポイント）
・汚染されている原材料の調理や保管を区分けする習慣化。
・保管容器は用途ごとに専用の容器を使用する習慣化。

3．冷蔵庫からの汚染

対策ポイント）
・汚染されている冷蔵庫の清掃の習慣化
・用途ごとに冷蔵庫を分ける。
・冷蔵庫から原材料を取り出した後、作業者の手を消毒する習慣化。
・保管時にドリップなどが漏れない容器の使用。

4．調理器具からの汚染

対策ポイント）
・生肉の加工に使用したまな板と包丁の洗浄殺菌を習慣化。
・包丁やその他調理器具等は、用途ごとに分ける。
・洗浄に使用するスポンジなども用途ごとに分ける。

▼衛生管理計画／交差汚染＆二次汚染の確認用　オリジナル記入シート

※著者のホームページでエクセル版がダウンロードできます。

衛生管理計画　／　交差汚染＆二次汚染　　店名			
番号	計画項目	計画実行内容	チェック欄（実行項目にチェック）
［3］	交差汚染 二次汚染	確認時期	
		場所	
		注意点	
		確認方法	
		対応方法	
		その他	

□確認時期を検討します。お店によって異なりますが、交差汚染や二次汚染が発生する可能性の高い時間帯としては記入見本を参考にしてください。

□場所を明確にしておくと良いでしょう。

□お店に応じた注意事項を検討して下さい。

□確認方法は記入見本を参考にして下さい。

□問題が発生した際の対応方法を検討してください。（見本参考）

□その他の事項としては、既に実施されているお店も多いかもしれませんが。調理用の手袋などの活用も良いでしょう。

▼衛生管理計画／交差汚染＆二次汚染の確認用　オリジナル記入シート　記入例

衛生管理計画　／　交差汚染＆二次汚染　　店名			
番号	計画項目	計画実行内容	チェック欄（実行項目にチェック）
［3］	交差汚染 二次汚染	確認時期	□始業前　□作業中　□業務終了後　□その他（　　　）
		場所	□まな板（調理場）　□包丁（調理場）　□冷蔵庫 □その他
		注意点	□保存用の容器には蓋　□調理用手袋
		確認方法	□見た目（汚れていないか？）　□調理器具などの色分け □保管状態の確認
		対応方法	□汚染が判明した場合は破棄、もしくは加熱して提供 □使用前使用時まな板や包丁に汚れ認識の場合は洗浄＆消毒
		その他	□各メーカーの一覧も作成しておく。

02-④

衛生管理計画7項目の作成

器具などの洗浄・消毒・殺菌

なぜ必要？
食器・器具などの洗浄不良を原因とした食中毒の発生を防止するため

器具などの洗浄・消毒・殺菌防止については、非常に重要な項目ですので、内容量が多いのですが、ポイントとなる留意事項を箇条書きにまとめていますので、参考にしてください。

□鮮魚貝類、牛肉、生野菜などは、細菌などのリスクが高く、これらの食材を処理した調理器具類は必ず洗浄・殺菌する必要があります。

消毒にはアルコール消毒、熱湯消毒などがありますが、次亜塩素酸水による消毒は様々な食中毒菌に有効です。アルカリ性なので、手袋を着用しましょう。

□洗剤などを小分けにする場合は、中身が分かる表示をしましょう。（ラベルの活用）
それぞれに特徴がある為、機能面・健康面への注意点も把握して、状況に応じて使い分けましょう。

□洗浄の基礎知識について、食器類や野菜・果実には中性洗剤（安全性は高いが頑固な汚れには不適）、重度の油汚れにはアルカリ性洗浄剤、手洗いには石鹸がいいでしょう。酸性洗浄剤は次亜塩素酸ナトリウム溶液と混ぜると塩素ガスを発生させるので危険です。クレンザーはさびやこびり付いた汚れに有効です。

□まな板・包丁等の洗浄・消毒については、４０℃前後のお湯で全体を2、3回下洗いして、食材の残渣《ざんさ》を流します。
そして毛先が固めのブラシに中性洗剤をつけて洗います。油脂分の多いものを切った場合は、弱アルカリの洗剤を使いましょう。

まな板にある傷目に平行にブラシなどを動かし洗います。残渣が詰まると細菌の巣になります。まな板の四隅やへりも忘れずに。最後の片付けでは裏面も忘れずに洗剤分を洗い流し、清潔な場所で乾燥させるか、綺麗なカウンタークロスなどで拭きあげます。

最近はまな板や野菜などの食材、設備など、全てに対応し、人への害もなく、細菌・ウイルス（コロナやO−157など）も不活化する製品も登場しています。データ（エビデンス）を確認して、使用するのも一つです。

アルコール消毒はまな板に上から下に噴霧します。ヘリも忘れずに消毒しましょう。

□作業終了後のまな板の洗浄と消毒については、まず、しっかりと洗浄を行います。そして次亜塩素酸ナトリウム（漂白剤）での消毒は次亜を希釈（通常は0・02％）して大きめの容器にいれます。そしてまな板を浸します。

塩素系の漂白剤は手袋などを使用しましょう。他の液体と混ざることで塩素の発生リスクがある為、特に注意が必要です。

そして流水でしっかりすすぎます（もしくは熱湯や煮沸などで加熱殺菌する）。熱湯消毒を行う場合は8

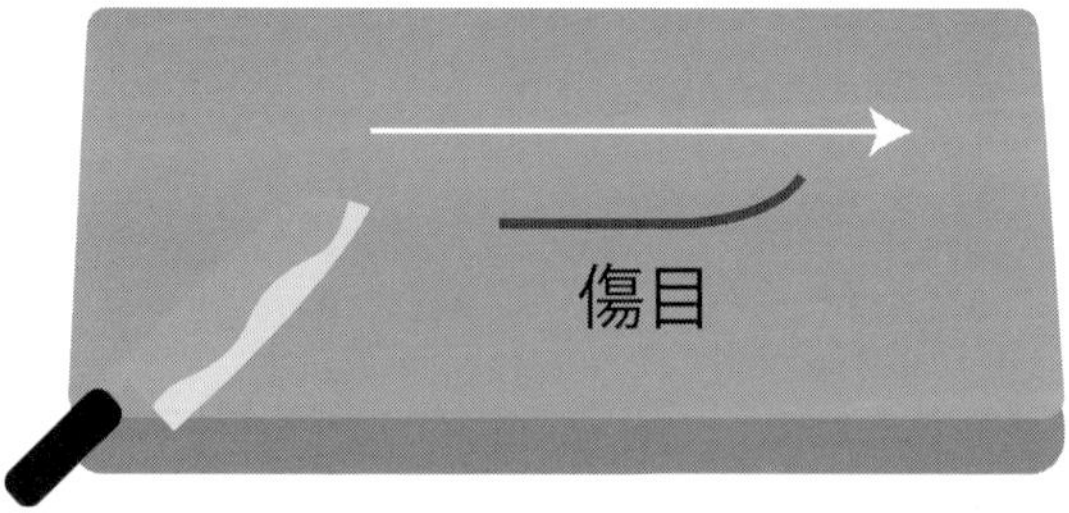

０℃以上のお湯に5分以上の浸して殺菌しましょう。その後、清潔な場所で乾燥させるか乾いた清潔なダスターで拭き取り、清潔な場所に保管しましょう。

次回使用前に再度アルコールを吹き付けます。

□包丁の汚れは刃の部分に彫ってある銘《めい》（器具に刻まれた金属製の制作者名）の部分、刃と取っ手のつなぎ目の部分に残ります。
つなぎ目の部分は洗いにくいので、台の上に置いて丁寧に洗浄しましょう。見落としがちなのが柄の部分です。食材や器具に触れた手で握る部分なので、意外と汚れています。中性洗剤で洗い、水気を取った後でアルコール消毒します。熱湯に漬け置きする方法もあります。

保管はステンレス製の殺菌灯つきの包丁保管庫に収納するといいでしょう。

□電子レンジは、汚れたらすぐに拭くようにしましょう。レンジ内の壁面に付着した食品残さが混入するリスクがあります。電子レンジ内部の掃除も洗浄剤や清潔な布巾を使用しましょう。重曹を使った掃除術もあります。

□冷蔵庫内は、食品関係の汚れがたまりやすい場所で、１０℃以下でも増殖する細菌がいるので注意してください。定期的に器具などを取り外して、内部の棚や床面を洗浄剤で洗浄しましょう。

清潔なぬれ布巾で拭いた後に、乾いた清潔なダスターで水分を拭き取るか、乾燥させてからアルコールを噴霧しましょう。残渣やドリップが生じたときは随時、汚れをふき取り、洗浄剤を用いて清掃します。通常は中性洗剤を使用しますが、頑固な汚れには塩素系漂白剤を使用します。

□最後に、洗浄・消毒後の保管についてですが、洗剤を確実に洗い流せているか注意しましょう。しっかり水気を切っておくことも基本です。洗浄・消毒後は、扉のついた食器棚か蓋のある清潔な容器に保管します。ハエやゴキブリやほこり、異物混入を防止するためです。

洗浄・消毒した器具類は床から60センチ以上の高さにある収納戸棚に保管しましょう。調理台の下などは水が跳ねるので保管してはいけません。また、換気扇や空調機の近くにも保管しないことです。

□洗浄剤や殺菌・消毒剤は間違って食品類に混入しないように必ず食品、食器や調理器具類とは離れた場所に保管しましょう。

薬剤を小分けする際には食品と間違えると危険です。食品容器は絶対に使用せず、中身がすぐにわかるラベルを貼って、管理しましょう。

□ネズミや害虫の駆除についても、こちらで補足しておきたいと思います。

廃棄物の保管場所は常に清掃されていることが基本です。ゴキブリやハエ、ネズミなどはサルモネラ菌、ウイルスなどの病原体を媒介する可能性があります。ハエは生ごみや動物の排泄物を常食としており、バクテリアをまき散らします。ごみのこまめな廃棄、粘着式の捕虫器、蓋つきゴミ箱などで対策を行ってください。ゴキブリやネズミ対策として、排水溝などを金網でふさぎましょう。

害虫駆除には専門業者の協力をお勧めします。任せきりではなく、アドバイスを受けたり、報告書をしっかり確認しましょう。

また、使用した場合は周りの壁や床、器具などは必ず洗浄しましょう。

▼衛生管理計画／器具等の洗浄・消毒・殺菌　確認用　オリジナル記入シート

※著者のホームページでエクセル版がダウンロードできます。

衛生管理計画　／　器具等の洗浄・消毒・殺菌　　店名			
番号	計画項目	計画実行内容	チェック欄（実行項目にチェック）
[4]	器具等の洗浄・消毒・殺菌	確認時期	
		注意点	
		作業方法	
		対応方法	
		その他	

□確認時期を検討します。仕込み後の 15 時とか営業後の 22 時など時間を決めておくのも一つです。

□注意事項としては、例えば洗剤や消毒・殺菌剤の安全性の確認やメーカーの確認をしておくなども良いでしょう。

□作業方法や問題が発生した際の対応方法は記入見本を参考にして、自店にあった方法を検討してください。

□その他の事項としては、責任者の最終確認などの二重チェックを加えるなどすると良いかと思います。

▼衛生管理計画／器具等の洗浄・消毒・殺菌確認用　オリジナル記入シート 記入例

衛生管理計画　／　器具等の洗浄・消毒・殺菌　　店名			
番号	計画項目	計画実行内容	チェック欄（実行項目にチェック）
［4］	器具等の洗浄・消毒・殺菌	確認時期	□始業前　□作業中　□業務終了後　□その他（　　）
		注意点	□洗浄や消毒＆殺菌剤の安全性の確認やメーカー確認
		作業方法	□使用の都度、まな板や包丁、ボウル・器具類の洗浄＆消毒
		対応方法	□使用前・使用時にまな板や包丁、ボウル・器具類に汚れを認識した場合はすすぎ洗い、煮沸、洗剤での洗浄＆消毒
		その他	□各メーカーの一覧も作成しておく。

02-⑤

衛生管理計画7項目の作成

トイレの洗浄・消毒

なぜ必要？
トイレは細菌やウイルスで汚染されやすいので、しっかりと洗浄・消毒をして汚染拡大を防止するため

トイレの洗浄・消毒についてのポイントとなる留意事項を箇条書きにまとめていますので、参考にしてください。

トイレの洗浄・消毒は、ノロウイルス・コロナウイルス対策がメインですが、**お客様のお店への安心感にも繋がります。**

□トイレ専用にモップ 雑巾など清掃用具や制服、長靴を揃えましょう。サンダルの裏やドアノブ水道の蛇口、水栓レバー、手すり、手洗い場の周り、便器とその周りの床は特に注意する箇所です。

□トイレの壁は特に男性トイレが使用後に、尿が飛び散っていることが多い為、腰の高さから下はしっかり清掃が必要です。

殺菌ダスターも使用して清掃します。次亜溶液はバケツにつくり、ダスターを入れ、絞って使用します。後の手洗いも重要です。

清掃は毎日行い記録を忘れず、お客様にも、しっかり見えるように掲示しましょう。

□消毒剤の噴霧はウイルスが舞い上がる為避けましょう。汚物、吐物がないか確認し、あった場合の対応をきちんと決めておきましょう。

▼衛生管理計画／トイレの洗浄・消毒
確認用　オリジナル記入シート

※著者のホームページでエクセル版がダウンロードできます。

衛生管理計画　／　トイレの洗浄・消毒　店名			
番号	計画項目	計画実行内容	チェック欄（実行項目にチェック）
［5］	トイレの洗浄・消毒	確認時期	
		場所	
		注意点	
		確認方法	
		対応方法	

□確認時期については、11 時、13 時、15 時、20 時など自店で時間を決めておくと習慣化でき、有効です。

□場所については記入見本のとおり、菌のつきやすい箇所を自店で検討して決めることがポイントです。、

□注意事項としては、さらに詳細な箇所を取り決めていくことをお勧めします。

□確認方法としては、目視が一般的です。

□問題があった時の対応方法は記入見本を参考にしてください。特にトイレの洗浄や消毒後のスタッフの消毒は習慣化。

▼衛生管理計画／トイレの洗浄・消毒確認用　オリジナル記入シート　記入例

衛生管理計画　／　トイレの洗浄・消毒　　店名			
番号	計画項目	計画実行内容	チェック欄（実行項目にチェック）
[5]	トイレの洗浄・消毒	確認時期	□始業前　□作業中　□業務終了後　□その他（　　）
		場所	□トイレ部分　□床　□洗面部分　□トイレ室内全て □その他
		注意点	□便座・水栓レバー・手すり・ドアノブは必須箇所 □場合により使い捨て手袋を使用。使用手袋はゴミ箱密封処理
		確認方法	□定期的な時間帯に目視で確認
		対応方法	□汚れなどを発見した場合は洗剤で洗浄と消毒を行う。 □洗浄＆消毒後は必ず実行者の消毒も実施。声掛確認共有。

02-⑥

衛生管理計画7項目の作成

作業員の健康管理・衛生的作業着の着用

なぜ必要？
従業員の健康状況を把握し、従業員から食品への病原微生物汚染を防止するため

作業員の健康管理などについてのポイントとなる留意事項を箇条書きにまとめていますので、参考にしてください。

□作業開始前、朝礼時に、スタッフの健康チェックを行いましょう。責任者のダブルチェックが重要です。

□非接触式の体温計での検温、手に傷やけどがないかの確認。問題があれば調理作業から外し、どうしても困難であれば手当を行ったうえで手袋を使用します。

□同居家族の健康チェックも必要です。嘔吐や下痢、発熱などの症状があればすぐに退社させましょう。本人に症状がなくてもかかっている可能性があります。コロナについても同様です。ノロウイルスの疑いがある場合、自宅でのノロウイルス検査を受けさせて陰性であることを確認するまで出勤させてはいけません。下痢などは1～2日で治っても保菌状態は1～2週間は続きます。

□健康診断や検査については、腸内細菌検査（通称検便）もリスク管理に役立ちますし、健康保菌者の発見にも役立ちます。

自覚症状がないが保菌している人を発見できます。通常、数日以内に結果が分かり、費用も千円以下のものもあり安価です。

陽性者が発見されたら会社を休ませて医者にかかるように指示、陰性を確認してから出勤させるようにしましょう。

□採用前や年に一度の健康診断は必須としてください。労働安全衛生法で、常時使用する労働者には雇用時と年に一回以上健康診断を受けさせなければならないことになっています。この常時使用する人には勤務時間の長短や雇用形態は問いません。アルバイトやパート契約であっても1年以上の継続雇用の実態がある人や、雇用が予定されていれば対象となります。そしてこれは事業者が健康診断の義務を負っている以上、事業者負担と明文化されています。何か起こってからの損害は計り知れません。リスク管理コストとも考えられます。必ず実施しましょう。

▼衛生管理計画／作業員の健康管理・衛生的作業着の着用

確認用　オリジナル記入シート

※著者のホームページでエクセル版がダウンロードできます。

衛生管理計画　／　作業員の健康管理・衛生的作業着の着用など　　店名			
番号	計画項目	計画実行内容	チェック欄（実行項目にチェック）
［6］	作業員の健康管理・衛生的作業着の着用など	確認時期	
		場所	
		注意点	
		確認方法	
		対応方法	

□確認時期については、記入見本を参考にして下さい。

□場所についても、記入見本を参考にしてください。

□注意事項も記入見本のような内容を自店で検討してください。

□確認方法としては、別に独自の個人衛生チェック一覧表などを作成している店舗もあります。より詳細な項目を決めておくことは、プラスになっても、マイナスにはなりません。

□問題があった時の対応方法は記入見本を参考にしてください。

▼衛生管理計画／作業員の健康管理・衛生的作業着の着用
確認用　オリジナル記入シート　記入例

衛生管理計画　／　作業員の健康管理・衛生的な作業着の着用など　店名			
番号	計画項目	計画実行内容	チェック欄（実行項目にチェック）
［6］	作業員の健康管理・衛生的作業着の着用など	確認時期	□始業前　□作業中　□業務終了後　□その他（　　）
		場所	□出社時の着替室　□作業場
		注意点	□使い捨て手袋を着用するときでも手洗いはしっかりする。
		確認方法	□作業に入る前に健康状態と怪我をしていないか確認する。 □着衣の状態も目視する。
		対応方法	□従業員が下痢の報告、事実確認の際には調理作業させない。 □手に傷がある場合、耐水性バンドエイドなどを貼ってから手袋をつける。□汚れた作業着を認識した際には交換する。

02-⑦ 衛生管理計画7項目の作成
手洗いの実施

なぜ必要？
手からの細菌やウイルスの付着から食品などへの汚染を防止するため

手洗いの実施についてのポイントとなる留意事項を箇条書きにまとめていますので、参考にしてください。

□手洗いのタイミング＝微生物が汚染させる可能性が高い場面として、
・トイレの後
・調理場に入る前
・汚染源となるおそれのある食品に触れた後
・加熱しない食品に触れる前

・盛り付け作業の前
・手袋着用前
・廃棄物を処理した後、清掃を行ったあと
・金銭を触った後
などになります。

□手洗いは最も大切な基本の一つです。
石鹸液で洗浄し、アルコールで消毒します。
手洗いによって付着した菌を1％以下にすることが出来ると言われています。そして、手洗いの前に爪のケア、怪我等がない事、指輪などは外す事は当然です。指先、爪周辺、親指の付け根や手首は洗い残しが多いので要注意です。お手本通りにできているか今一度確認しましょう。

□手洗い場についても確認しましょう。手洗いのやり方だけでなく、手洗い場の工夫により衛生面を強化できます。保健所の施設基準を満たすだけでなく、改善できる点があれば実施しましょう。
手洗い器の大きさは適切か、自動水栓蛇口の設置、お湯が出るか（冬場は手洗いが億劫《おっくう》になりがち）、液体石鹸の使用（固形は二次汚染のリスクあり）ペーパータオルの使用（使い捨てのために二次汚染リスクが減る）、蓋つきの足ペダル式のゴミ箱などが考えられます。

手洗いの呼びかけも効果的

コロナウイルス・
ノロウイルス感染症
にご注意！
手洗い・消毒
にご協力ください
手洗いのやり方
××××××××××××××××××××××××××××××
××××××××××××××××××××

▼衛生管理計画／手洗いの実践の確認用
　オリジナル記入シート

※著者のホームページでエクセル版がダウンロードできます。

衛生管理計画　／　衛生的な手洗いの実施　　店名			
番号	計画項目	計画実行内容	チェック欄（実行項目にチェック）
［7］	衛生的な 手洗いの実施	確認時期	
		注意点	
		対応方法	
		その他	

衛生的な手洗いなどについては、確認時期、注意点、問題があったときの対応方法など、記入見本を参考にしてください。

食中毒の予防は手洗いに始まり手洗いで終わると言われています。衛生的な手洗いの方法については、ネットや YouTube で検索するとポスターや動画など、たくさん紹介されていますので、それらもぜひ参考にしていただければと思います。

▼衛生管理計画／手洗いの実践の確認用オリジナル記入シート 記入例

衛生管理計画　／　衛生的な手洗いの実施　　店名			
番号	計画項目	計画実行内容	チェック欄（実行項目にチェック）
［7］	衛生的な手洗いの実施	確認時期	□トイレの後　□厨房に入る前　□盛り付け前 □作業内容変更時　□生肉や生魚処理後　□お金を触った後 □清掃を行ったとき　□その他（　　　）
		注意点	□できるだけ時間のある時は二度洗いを実施する。
		対応方法	□作業員全員で手洗いを怠った者を認識した際にはすぐ手洗いを実施させる。
		その他	

03 衛生管理計画のまとめ

本書でご紹介した内容は、「ＨＡＣＣＰの考え方を取り入れた衛生管理」のガイドブックをベースに、もっとシンプルに衛生管理計画を自分のお店に合わせて作成して頂くことを意識して書かせて頂いていますので参考にして頂ければ幸いです。

計画や記録用紙があるだけでは機能しません。その日々の記録をいつ、どこで、誰が記録するのか。またその記録をいつ、誰がチェックするのかなどを決めないといけません。管理する項目が多いので、出来るだけシンプルに、そして書面などで確認できるようにしておく。計画だけ立派では意味がありませんので、しっかり機能してこそ価値があります。ですので、記入見本を参考に、まずは、たたき案を作成して進めて頂ければと思います。

さらに今回の内容を決められたら、もっと簡単に記録と保存ができれば・・・と思われた読者の方もいると思います。そこで、次に私が考案した「日めくり管理記録カレンダー（実用新案取得」をご紹介します。

04 「日めくり管理記録カレンダー」衛生管理編の活用法

前述のとおり、やることが多くて不安を感じた方のためにリテールＨＡＣＣＰ専用の「日めくり管理記録カレンダー」を作成しました（実用新案取得）。こちらを使用すれば求められている日々の管理と記録が楽になり、日々の行動の習慣化も実現できます。

この「日めくり管理記録カレンダー」の内容については、私の地元の保健所に幾度か足を運び確認していますが、皆さんの管轄される保健所には念のため問題はないかの確認だけはしておいてください。

厚生労働省が推奨する「ＨＡＣＣＰの考え方を取り入れた衛生管理」のガイドブックしか認めないケースもありえるためです。

食品衛生法の立法趣旨や食中毒防止の観点から見れば、現場がしっかり、その趣旨にそった衛生管理を実施し、そのことが日々記録管理され、問題があった時の対策と対応の記録などを行っていれば、保健所の担当者も認めてくれると思っています。

▼衛生管理用の「日めくり管理記録カレンダー」

※著者のホームページでエクセル版がダウンロードできます。

リテールハサップ **衛生管理 / 行動記録** カレンダー

年　　月　　日　　曜日

原材料受入	手洗い	器具等洗浄・消毒	トイレ洗浄・消毒	従業員健康管理	交差汚染二次汚染
実施 時□□□ 時□□□ 時□□□ その他□□□	実施 調理前□□□ ＷＣ後□□□ 作業時□□□ その他□□□	実施 作業前□□□ 作業時□□□ 終了時□□□ その他□□□	実施 時□□□ 時□□□ 時□□□ その他□□□	実施 作業前□□□ 作業時□□□ 終了時□□□ その他□□□	実施 作業前□□□ 作業時□□□ 終了時□□□ その他□□□
［問題発生］ 現場対応 コメント	［問題発生］ 現場対応 コメント	［問題発生］ 現場対応 コメント	［問題発生］ 現場対応 コメント	［問題発生］ 現場対応 コメント	［問題発生］ 現場対応 コメント
責任者確認	責任者確認	責任者確認	責任者確認	責任者確認	責任者確認

◀

※実用新案登録第 3222820 号　管理記録カレンダー

リテールハサップ　**衛生管理 / 行動記録**　カレンダー

２０２１**年**　６**月**　１**日**　火**曜日**

原材料受入	手洗い	器具等洗浄・消毒	トイレ洗浄・消毒	従業員健康管理	交差汚染二次汚染
実施	実施	実施	実施	実施	実施
10時☑□□	調理前☑□□	作業前☑□□	9時☑□□	作業前☑□□	作業前☑□□
時□□□	ＷＣ後☑□□	作業時☑□□	14時☑□□	作業時□□□	作業時☑□□
時□□□	作業時☑□□	終了時☑□□	18時☑□□	終了時□□□	終了時☑□□
その他□□□	その他□□□	その他□□□	22時☑□□	その他☑□□	その他□□□

まず、年月日と曜日を記入します。曜日は省略しても問題ありませんが、後々の記録の見直しの際には曜日を特定できた方がよい場合もありますので、できれば、書く流れの中で曜日を記入しておくことをお勧めします。

次に、カレンダーの上部に「冷蔵庫・冷凍庫の温度確認」以外の６つの項目（原材料の受入の確認／手洗いの実施／器具等の洗浄・消毒／トイレの洗浄・消毒／従業員の健康管理など／交差汚染＆二次汚染）が記載されているのがわかると思います。

ここには前述の各衛生管理計画のチェック項目がコンパクトに記載されています。例えば、「原材料の受入」というのは何時にという時間帯の項目が３つ並んでいます。ここを受入時や開封時としてもよいのですが、時間を特定しておくと、習慣化を促進するので、カレンダーでは、例えば、１０時、１５時、１８時などとします。そして、その右の３つの□には確認したときに☑（チェック）を入れます。

□が3つある意味は1人ではなく複数人で☑（チェック）した場合に活用してもらうためです。

その他の項目も同様に手洗いの場合なら、調理前・トイレの後・作業時・その他という具合です。

トイレの洗浄・消毒は、原材料の受入時のように、9時、14時、18時、22時など、時間設定しておいた方が習慣化できます。ただ、その他逐次、気になった時間帯にその他としておくのもよいでしょう。

お店によって、ルーティンが違う場合も多いので、自店に合わせて変更してください。

［問題発生］ 現場対応 コメント 梱包破れ 業者に連絡 返品交換 衛生太郎	［問題発生］ 現場対応 コメント	［問題発生］ 現場対応 コメント	［問題発生］ 現場対応 コメント	［問題発生］ 現場対応 コメント	［問題発生］ 現場対応 コメント
責任者確認 衛生花子	責任者確認 衛生花子	責任者確認 衛生花子	責任者確認 衛生花子	責任者確認 衛生花子	責任者確認 衛生花子

※実用新案登録第 3222820 号　管理記録カレンダー

次に、カレンダーの２段目以降ですが、ここは何か問題があった時の対応を対応者が箇条書きで記入します。

例えば、原材料の受入時もしくは確認時（１０時）に「梱包破れ」があった際には、現場対応という箇所を○で囲って、コメント欄に、梱包破れ、業者に連絡、返品交換、衛生太郎と書きます。見本のような記入です。

このコメント欄に記入したときは、前述の複数人が✓（チェック）する３つの□のうちの一つに赤ペンで☑（チェック）をしておけば、後になって、わかりやすいです（必須ではありません）。

最後に一番下の「責任者確認」欄に店長などの責任者が確認のサインをします。このような簡単な記載で日々の衛生管理の記録ができます。最後に左端の位置に◀の表示があると思います。

これを基準にパンチで穴をあけ、そのままバインダーに綴じれば記録の保存になります。保健所から提示を求められたらバインダーを出せば立派な記録保存の証拠となるわけです。

2 重要管理点の策定と日々の管理

01 重要管理点（CCP）とは

■衛生管理計画書　改善計画書の作成と日々の記録（↑前述までの衛生管理計画）

■重要管理点の把握、提供する食品の概要書（今からの内容は、この部分の内容です）

メニューごとの管理計画とチェックシート

ここからの内容は、メニューごとの対策を考えていきます。これまでの衛生管理計画の内容は、食品ごとの区別はありませんでした。

しかしこれからお話しする内容は個々のメニュー別に考えていく点が大きく異なります。

ＣＣＰとは Critical Control Point の略で「重要管理点」のことです。

重要管理点とは、危害要因をなくすか、問題のないレベルまで下げる調理工程上の作業ポイントになります。

全工程に目を光らせて注意する必要はなく、管理上のポイントがあるので、そこを把握して注意しようということです。

実務上のメリハリをつけるという事なので、他の工程を考えなくていいというわけではありません。例えば、生姜焼きを作る全工程の中で、どこをチェックすれば微生物の発生を防げるか?と考えた時に、加熱時だということになり、ＣＣＰは加熱の工程ということになります。

工程↓加熱　管理基準（ＣＬ）↓　中心温度７５℃／１分以上加熱

厚生労働省推奨の「ＨＡＣＣＰの考え方を取り入れた衛生管理」のガイドブックでは、メニュー毎の温度管理に重きを置いて提案しています。

それは微生物のリスクです。ですのでそれぞれのメニューについて微生物のリスクを防ぐための対策を考えていきます。

そして微生物の対策として最も重要なことは温度管理ということとなります。

■食中毒を発生させない温度

［基準となる温度と時間］

加熱調理で大事なのは、一般的に食材の中心部を75℃以上で1分以上の加熱を守ることです。そして冷却ではすみやかに30分以内に20度以下（または60分以内に10度以下など）に温度を下げます。

保管した食材は期限管理を忘れずに行います。加熱・再加熱では表面温度だけではなく中心温度が適正温度に必要な時間に達したかの確認とともに、食材の保存期限は守られているか確認します。当たり前のこととして習慣づけることで、リスクを大きく減らすことができます。危険温度とされる10度~60度におく時間を最短にすることが大前提です。

以上のように加熱や冷却によって多くの細菌をやっつけることができます。一方で、長時間の加熱が必要な場合もあります。

02

食中毒を防止する温度管理（中心温度）

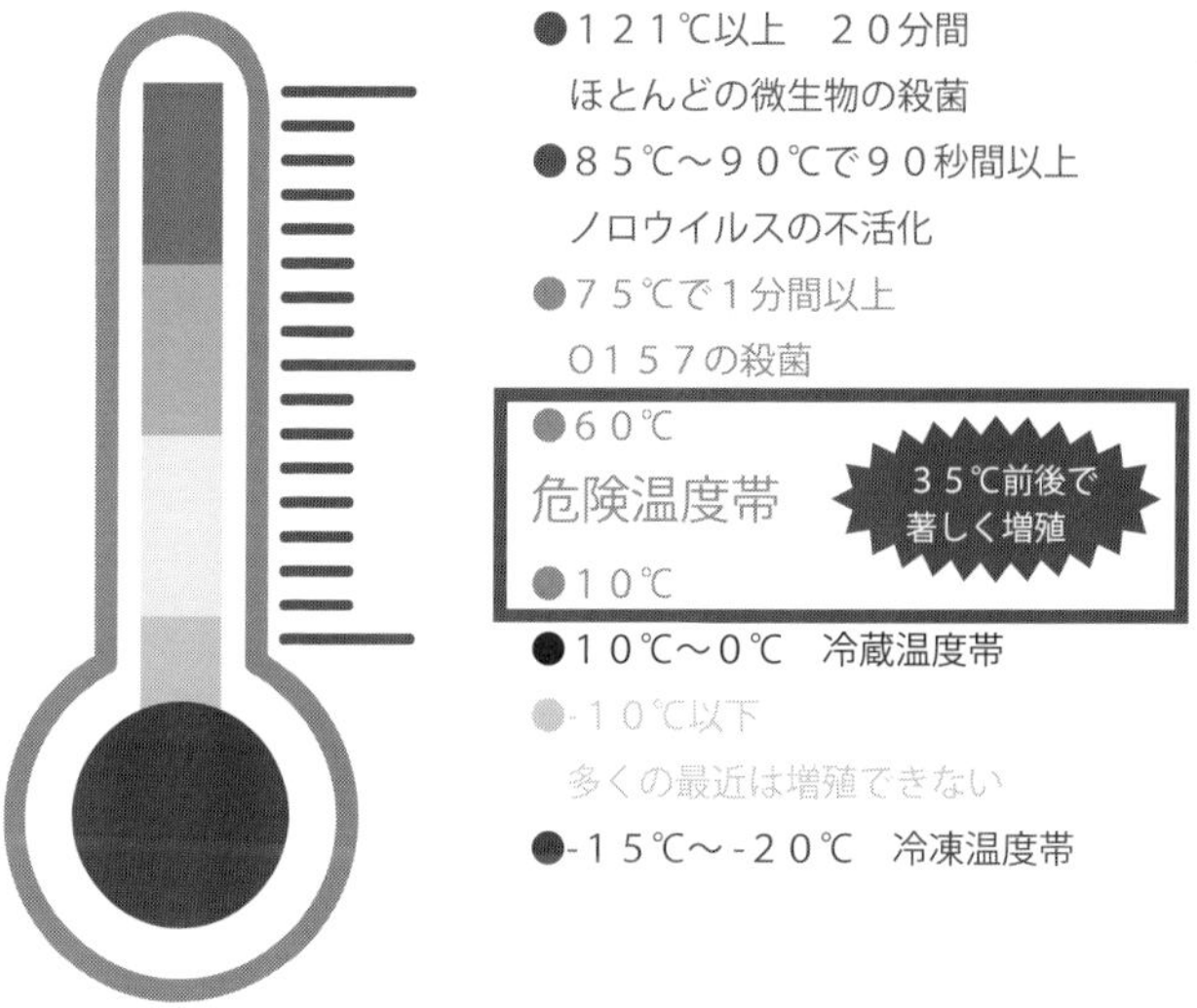

調理途中で中心温度を3点以上測定し、すべてが75℃以上であることを確認したら、温度を記録し、さらに1分間加熱。最後に加熱処理時間を記録します。その際に季節などによって室内温度が違うため、計測のずれに注意しましょう。冷製品や火の通りにくいもの、またリスクの高い肉や魚などの調理の際は、特にしっかりとした確認が必要です。

以上は、パーフェクトな対応としての内容です。料理人の経験を活かすことも推奨されており、くしを刺して肉汁の様子を見たり、見た目、試食などの判断といった方法を取り入れながら、定期的に中心温度を確認するといった方法でも可です。

03 グループに分けて考える

温度と時間がポイントになりますが、それぞれのメニューは温度管理をする上で大きく3つのグループに分けることができます。

グループ①　→非加熱のもの
グループ②-1 →加熱するもの
グループ②-2 →加熱後高温保管するもの
グループ③-1 →加熱後冷却、再加熱するもの
グループ③-2 →加熱後冷却するもの（常温含む）

■非加熱での提供（グループ①）

冷蔵庫での保管は適切な温度管理、器具・食器・野菜などの洗浄殺菌や盛り付け作業の際の交差汚染にも注意です。

■加熱後すぐ喫食・加熱後高温保管（グループ②）

調理工程での加熱時間と温度が重要になります。温蔵保管

する工程では保存温度と時間を事前に決めておく必要があります。

■加熱や冷却を繰り返す場合（グループ③）

１０℃から６０℃（危険温度帯）の状態をできるだけ避けることは必須です。速やかに冷却と十分な加熱が重要です。

このようにどのグループに属するか分類すれば、それぞれのメニューの温度管理等の対策を立てやすくなります。

各グループのフローとリスク項目例

グループ１（加熱しない）

1 原材料
- 衛生管理の不十分な業者からの仕入れ

▼

2 納品作業
- 納品時にきちんとチェックをしていない
- 保管まで不適切な温度で放置

▼

3 保管
- 冷蔵庫の故障で温度が不適
- 冷蔵庫内の交差汚染

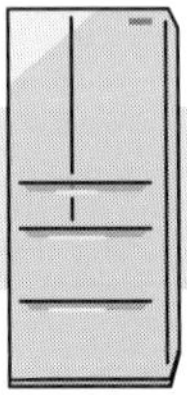

▼

4 仕込作業
- 加熱あり食材と同じ場所で下処理

▼

5 調理作業
- 洗浄・殺菌が不十分な器具を使用

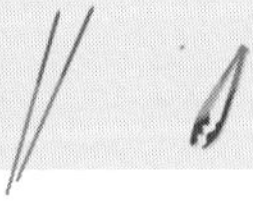

▼

6 盛り付作業
- 手洗い不足なまま盛り付けを行う
- 不衛生な食器に盛り付けをする

▼

7 提供
- 提供前に体調不良でトイレに行った

各グループのフローとリスク項目例

グループ２（加熱後すぐ喫食する食材）（加熱後高温保管する食材）

1 原材料 ▶ 2 納品作業 ▶ 3 保管 ▶ 4 仕込作業

5 調理作業　●不十分な温度で調理

▼

6 温蔵保管　●保管温度が基準を満たしていない

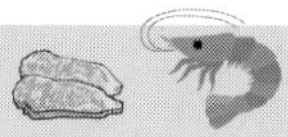

▼

6 盛り付作業 ▶ 7 提供

グループ２（加熱や冷却を繰り返す）

1 原材料 ▶ 2 納品作業 ▶ 3 保管 ▶ 4 仕込作業

5 放射冷却作業　●冷却が速やかに行われていない

▼

6 再加熱作業　●再加熱時の加熱不足

▼

6 盛り付作業 ▶ 7 提供

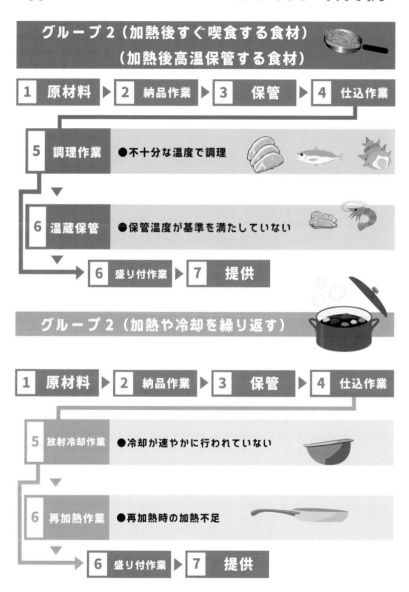

04 メニューの区分けワーク

多くの飲食店では、メニューとして提供する提供品は、たくさんあると思います。

これらをすべて非加熱のもの、加熱するもの、加熱後高温保管するもの、加熱後冷却し、再加熱するもの、加熱後冷却するもの（常温含む）などに分類するのは大変です。しかし、この作業は必須かつ重要なので、実行する必要があります。

一つのメニューの中に複数の提供品（料理）が含まれている場合は、それらを分解して、それぞれをグループ分けする必要があります。

事例をご紹介しますので、分類に慣れていただければと思います。

生姜焼き

生姜焼き		ポテトサラダ	
漬物		白飯	
味噌汁		肉じゃが	

上記を、非加熱のもの、加熱するもの、加熱後高温保管するもの、加熱後冷却し、再加熱するもの、加熱後冷却するもの（常温含む）に分けてみてください。

生姜焼き	加熱	ポテトサラダ	加熱後冷却
漬物	非加熱	白飯	加熱後 高温保管
味噌汁	加熱後 高温保管	肉じゃが	加熱後冷却 再加熱

■分類できたでしょうか？（答え合わせ）

事例の生姜焼き定食には、一つの種類に複数のおかずやご飯等がありますので、それぞれについて分類する必要があります。なお、これから分類する正解例は100％正解ではありません。お店によって調理方法が異なる場合があるためです。

例えば、肉じゃがの場合、煮立てを提供するお店と、パックで納品し冷蔵したものを冷たいまま提供するお店もあります。

また、パックで納品したものを冷蔵しておき、お客様に提供する際にあたためてから提供する場合もあります。

今回の事例のお店では、パックで納品し冷蔵したものを加熱して提供するという設定です。なお、味噌汁は今回のお店では加熱後、高温保管して提供します。

その場合、生姜焼きは加熱して提供するもの（グループ②-1）で、ポテトサラダは加熱後冷却で提供（グループ③-2）、漬物は非加熱で提供（グループ①）、白飯は、加熱後高温保管して提供（グループ②-2）、味噌汁は、加熱後高温保管して提供（グループ②-2）、肉じゃがは加熱後冷却、再加熱で提供（グループ③-1）という具合です。

05 「あいうえお順」重要管理計画書の作成

生姜焼き定食の事例で、「これは大変な作業だ！」と感じた方も多いかと思います。厚生労働省が推奨する「ＨＡＣＣＰの考え方を取り入れた衛生管理」のマニュアルでは、事例のような分類を紹介しています。

数が多くなると管理が大変になってきます。

そこで、食品衛生法の目的である食中毒防止という視点に基づき、かつ、厚生労働省が推奨する「ＨＡＣＣＰの考え方を取り入れた衛生管理」のマニュアルで、できるだけわかりやすく、管理しやすく工夫するのも一つです。

本書では、「ＨＡＣＣＰの考え方を取り入れた衛生管理」のマニュアルを踏襲した上で、もう少し簡単に効率化した区分方法をご紹介したいと思います。

作成したのちに、見たい部分をすぐに見つけられるように「あいうえお順」にするなどです。

メニューごとのチェック項目を記載していき、データを分類すれば管理も楽になります。まず、「あいうえお順」で、各単品商品を区分する方法を、次のページでご紹介します。

▼「あいうえお順」重要管理点の整理

非加熱　単品メニュー例

※著者のホームページでエクセル版がダウンロードできます。

頭文字	商品名	温度	メニュー名	チェック方法 (時間や注意点含む)
あ				
い				
う				
え				
お				
か				
き				
く				
け				
こ				
さ	サラダ	3～8℃	生姜焼き定食	温度確認 取り出したら直ぐに提供
し				
す				
せ				
・ ・ ・ ・ ・				
わ				

■「あいうえお順」重要管理計画作成のポイント

別紙でご紹介した「あいうえお順」重要管理点の整理は、「非加熱」の単品メニュー例ですが、「あいうえお順」で整理された一覧表（エクセル／筆者のＨＰでダウンロード可能）に、「非加熱」の単品メニューをピックアップして入力、もしくは記入していきます。

見本では「非加熱」の単品メニューである「サラダ」ですので、サ行の欄になります。

そして、そのサラダは、提供メニューの中の生姜焼き定食に該当するといった具合に右欄に記載しておくと、なお、整理しやすいかと思います。

できれば、見本のように、温度帯やチェック方法や処理時間なども追記しておくと、一段レベルの高い重要管理点計画となりますし、後々の整理や改善にも有効です。

その他、同様に、グループ②-1（加熱するもの）、グループ②-2（加熱後高温保管するもの）、グループ③-1（加熱後冷却、再加熱するもの）、グループ③-2（加熱後冷却するもの／常温含む）の5種類に区分して作成します。いろいろな手法がありますので、自店で良い方法があれば、そちらを採用するのも一つです。参考にして頂ければと思います。

▼「あいうえお順」重要管理計画作成
グループ①〜③ 記入例

「非加熱のもの」				
頭文字	商品名	温度	メニュー名	チェック名
さ	サラダ	3 〜 8℃	生姜焼き定食	温度確認。取り出したら直ぐに提供

「加熱のもの」				
頭文字	商品名	温度	メニュー名	チェック名
し	生姜焼き（豚肉）	75℃	生姜焼き定食	75℃1 分間以上

「加熱後、高温保管するもの」				
頭文字	商品名	温度	メニュー名	チェック名
は	白飯	60 〜 70℃	生姜焼き定食	保温器の温度（湯気など見た目）
み	味噌汁	80 〜 90℃	生姜焼き定食	中心温度で確認

「加熱後冷却して再加熱するもの」				
頭文字	商品名	温度	メニュー名	チェック名
に	肉じゃが	2 〜 6℃ 60 〜 70℃	生姜焼き定食	冷蔵は温度と保存期間を確認（3 日間） 加熱は温度計で 70℃1 分間

「加熱後冷却するもの」				
頭文字	商品名	温度	メニュー名	チェック名
ほ	ポテトサラダ	3 〜 8℃	生姜焼き定食	調理後すぐ野菜室（B 冷蔵庫）に保管

06

「日めくり管理記録カレンダー」重要管理計画編の活用法

衛生管理計画と同様、重要管理点計画についても、リテールＨＡＣＣＰ専用の「日めくり管理記録カレンダー」を作成しました。（実用新案取得）

こちらをを使用すれば、衛生管理計画と同様に、求められている日々の管理と記録が楽になり、日々の行動の習慣化も実現できます。

この「日めくり管理記録カレンダー」重要管理点計画編には、厚生労働省が推奨する「ＨＡＣＣＰの考え方を取り入れた衛生管理」のガイドブックでは衛生管理の部門に入っている「冷蔵庫・冷凍庫の温度確認」の項目が入っています。

「重要管理点」も「冷蔵庫・冷凍庫の温度確認」も温度管理によって、食中毒の主原因である菌をふやさない・やっつけるという点で共通しています。

ですので、「冷蔵庫・冷凍庫の温度確認」は本来、衛生管理計画に入る内容ですが、重要管理点計画と合わせて、整理して記録する方が効率的と考えて、見本のような構成になっています。

食品衛生法における食中毒防止という趣旨・目的に照らし合わせたとき、記入の場所が違うだけで、なんら問題の無い区分と考えます。

では、衛生管理編と同様に、その記入方法などについて解説します。

重要管理点用（一部冷蔵庫・冷凍庫の温度）の「日めくり記録管理カレンダー」

※著者のホームページでエクセル版がダウンロードできます。

リテールハサップ　重要管理点＆衛生管理/記録　カレンダー

年　　月　　日　　曜日

冷蔵①温度	冷蔵②温度	冷蔵③温度	冷蔵④温度	冷蔵⑤温度	冷凍①温度	冷凍②温度
時/　℃ 時/　℃ 時/　℃	時/　℃ 時/　℃ 時/　℃	時/　℃ 時/　℃ 時/　℃	時/　℃ 時/　℃ 時/　℃	時/　℃ 時/　℃ 時/　℃	時/　℃ 時/　℃ 時/　℃	時/　℃ 時/　℃ 時/　℃
適　不適	適　不適	適　不適	適　不適	適　不適	適　不適	適　不適
対応内容	対応内容	対応内容	対応内容	対応内容	対応内容	対応内容
責任者確認	責任者確認	責任者確認	責任者確認	責任者確認	責任者確認	責任者確認

◀

非加熱	加熱	加熱後高温保管	加熱後冷却再加熱	加熱後冷却
CL①　℃ CL②　℃ CL③　℃	CL①　℃ CL②　℃ CL③　℃	CL①　℃ CL②　℃ CL③　℃	CL①　℃ CL②　℃ CL③　℃	CL①　℃ CL②　℃ CL③　℃
時/　分間 時/　分間 時/　分間	時/　分間 時/　分間 時/　分間	時/　分間 時/　分間 時/　分間	時/　分間 時/　分間 時/　分間	時/　分間 時/　分間 時/　分間
適　不適	適　不適	適　不適	適　不適	適　不適
CL④　℃ CL⑤　℃ CL⑥　℃	CL④　℃ CL⑤　℃ CL⑥　℃	CL④　℃ CL⑤　℃ CL⑥　℃	CL④　℃ CL⑤　℃ CL⑥　℃	CL④　℃ CL⑤　℃ CL⑥　℃
時/　分間 時/　分間 時/　分間	時/　分間 時/　分間 時/　分間	時/　分間 時/　分間 時/　分間	時/　分間 時/　分間 時/　分間	時/　分間 時/　分間 時/　分間
適　不適	適　不適	適　不適	適　不適	適　不適
対応内容	対応内容	対応内容	対応内容	対応内容
責任者確認	責任者確認	責任者確認	責任者確認	責任者確認

※実用新案登録第 3222820 号　管理記録カレンダー

リテールハサップ　重要管理点＆衛生管理／記録　カレンダー

２０２１年　６月　１日　火曜日

冷蔵①温度	冷蔵②温度	冷蔵③温度	冷蔵④温度	冷蔵⑤温度	冷凍①温度	冷凍②温度
10時／ 4℃ 12時／ 8℃ 17時／ 4℃	時／ ℃ 時／ ℃ 時／ ℃	時／ ℃ 時／ ℃ 時／ ℃	時／ ℃ 時／ ℃ 時／ ℃	時／ ℃ 時／ ℃ 時／ ℃	11時／-15℃ 17時／-15℃ 22時／-15℃	時／ ℃ 時／ ℃ 時／ ℃
適　不適（不適を囲む）	適　不適	適　不適	適　不適	適　不適	適（適を囲む）　不適	適　不適
対応内容 出し入れ頻繁 その後４℃確認 衛生太郎	対応内容	対応内容	対応内容	対応内容	対応内容	対応内容
責任者確認 衛生花子	責任者確認	責任者確認	責任者確認	責任者確認	責任者確認 衛生花子	責任者確認

まず、衛生管理編と同様に、年月日と曜日を記入します。

そして、見本を見て頂くとわかりますが、冷蔵庫に関する記入欄は、①から⑤まで、冷凍庫に関する記入欄は①と②があります。

これは、お店の規模によって、冷蔵庫や冷凍庫の数に違いがあるためです。

ですので、冷蔵庫と冷凍庫が一つの場合は、それぞれ、一つの箇所を記入すれば問題ありません。

次に、冷蔵庫や冷凍庫の温度を定期的の測る時間帯を決めます。（例えば、１０時、１２時、１７時等）

食材によって冷蔵・冷凍温度に違いがあるはずですが、全ての食材に合わせて温度帯の設定をしてしまうと作業にも影響が出ます。そこで、管理基準（ＣＬ）を設定します。

管理基準（ＣＬ）とは、製品の安全性を確保できるかできないかの境目の値（限界値）のことです。魚や肉は ４℃以下、青果物 １０℃以下に。冷凍ものについては マイナス１８℃以下が理想です。その下の段の「適」「不適」は、例えば、冷蔵庫②に問題が無かったときは、「適」に〇（まる）をし、問題があったときは「不適」に〇（まる）をします。衛生管理編と同様に、問題があった時の対応（記入見本参考）を対応者が箇条書きで記入します。

最後に一番下の「責任者確認」欄に店長などの責任者が確認サインをします。

非加熱	加熱	加熱後高温保管	加熱後冷却再加熱	加熱後冷却
ＣＬ①　4　℃ ＣＬ② 3～8 ℃ ＣＬ③ 常温 ℃	ＣＬ①　70 ℃ ＣＬ②　100 ℃ ＣＬ③　200 ℃	ＣＬ①　70 ℃ ＣＬ②　℃ ＣＬ③　℃	ＣＬ①　4　℃ ＣＬ②　100　℃ ＣＬ③　℃	ＣＬ①　4　℃ ＣＬ② 3～8 ℃ ＣＬ③　℃
11 時 /　分間 17 時 /　分間 22 時 /　分間	11 時 / 2　分間 17 時 / 2　分間 22 時 / 2　分間	11 時 /　分間 17 時 /　分間 22 時 /　分間	11 時 / 10　分間 17 時 / 10　分間 22 時 / 10　分間	11 時 /　分間 17 時 /　分間 22 時 /　分間
適　不適	適　不適	適　不適	適　不適	適　不適
ＣＬ④　℃ ＣＬ⑤　℃ ＣＬ⑥　℃	ＣＬ④　℃ ＣＬ⑤　℃ ＣＬ⑥　℃	ＣＬ④　℃ ＣＬ⑤　℃ ＣＬ⑥　℃	ＣＬ④　℃ ＣＬ⑤　℃ ＣＬ⑥　℃	ＣＬ④　℃ ＣＬ⑤　℃ ＣＬ⑥　℃
時 /　分間 時 /　分間 時 /　分間	時 /　分間 時 /　分間 時 /　分間	時 /　分間 時 /　分間 時 /　分間	時 /　分間 時 /　分間 時 /　分間	時 /　分間 時 /　分間 時 /　分間
適　不適	適　不適	適　不適	適　不適	適　不適
対応内容	対応内容 からあげの内部が赤いとクレーム。調理した A 君に確認。再教育指導　衛生花子	対応内容	対応内容	対応内容
責任者確認	責任者確認 衛生花子	責任者確認	責任者確認	責任者確認

※実用新案登録第 3222820 号　管理記録カレンダー

次に、非加熱・加熱＆加熱後の高温保管・加熱後冷却再加熱＆冷却の各項目のチェックです。

こちらも、管理基準（ＣＬ）を設定しますが、冷蔵庫＆冷凍庫とは異なり、カレンダー内にＣＬの温度を記載しておきます。

提供食材の変更によって、ＣＬの温度の変更が生じる可能性もありますので、記入スタイルにしています。

例えば、非加熱は４℃以下と３～８℃、加熱は７０℃、１００℃、２００℃以上といった具合です。

そして、温度を測った時間帯と時間を記入します（このあたりは自由に工夫が可）。

その他は衛生管理編と同じように、問題が発生した際の対応内容を見本のように、対応者が対応内容欄に記入します。

07 記録の重要性と見える化

■記録後の改善や打ち合わせは重要

日々のチェックを行い、問題があれば対応、改善することはもちろんですが、定期的に、より広い視野で現状の運用を見直す必要があります。

例えば、加熱時間が守られていても、温度にばらつきがあれば、そもそもの設定に無理があったのかもしれません。

改善は都度、おこなっていても、いつまでもチェックの結果に不具合が発生している場合等もありえます。

定期的に確認を行い、問題点の根本的な解決に向けてＨＡＣＣＰチームで打ち合わせを行いましょう。より、リスクを減らすことが、何よりも重要です。

■営業許可更新申請時等に提出が必要に？

記録したものは整理して保存してください。書類の管理が雑になると、チェック自体がおろそかになってしまうこともあります。

また、記録の内容や方法に不備があると、営業更新時に書類不備とみなされる可能性もあるので注意しましょう。ある程度、計画書が出来上がった際に、管轄の保健所で相談、確認されることをお勧めします。厚生労働省のパブリックコメントで制度に従わない場合の対応についての回答があります。それによると、まず行政指導がきます。それでも従わない場合が継続され、公衆衛生に与える影響が大きいと判断された場合には、営業取り消しを含む処分の可能性が高まります。

これからはリテールＨＡＣＣＰを導入していることが前提です。もしリテールＨＡＣＣＰを実行せず食中毒事故などを起こせば、営業許可を取り消しなどの処分もありえます。事業者の責任が一層明確になるといえるでしょう。

しかし多くのことは今まで行ってきたことの延長だと思います。これを機に初めて行うことは多くはないでしょう。日々の管理の手間は増えますが、より安全性を高め、消費者に認められるお店を目指して頂きたいと思います。

■ポスターなどの張り紙で見える化

どうしても実行が大変な場合は、手順書を簡略化して、まずは、厨房や店内へのポスターなど、手洗い・トイレ掃除・健康管理・洗浄などの各項目の張り紙を作成して、掲示したりすることからでも良いと思います。

手洗いや洗浄方法のポスターなどはネット上でも見本はたくさんありますので、それを活用してもよいですし、完璧にできなくても、今回ご紹介した日めくり管理記録カレンダーを活用して頂いてもよいと思います。まずは、小さなステップからです。

【第2章のまとめ】

□ 衛生管理計画の７つの項目を理解しましょう。
□ 自分のお店に合った計画を立てましょう。
□ 日々のチェックはオリジナル記入シートなどを活用してみる。
□ 食中毒を発生させないポイントは温度管理。
□ お店のメニューを３つのグループに分けて考える。
□ それぞれのタイプに分けてリスクを把握しましょう。
□ メニューごとの管理ポイントをまとめましょう。
□ チェックシートで日々の温度管理をしましょう。

２章の内容がリテールHACCPのコアとなる情報です。

ワオー！
ワクワク！
していますか？

CHAPTER

3

実施前に、知っておいてほしいことと心構え

01-①

チームビルディングと暗黙知の見える化

理想的なチームの形

チーム力を向上させていく具体的な事を進めていくにあたって、まずは組織の見直しも一つです。図1にあるようなピラミッドの縦割り体制は、上の人になかなか意見が、言いずらかったり、下の階級の人は自分には責任がないからと、消極的になってしまうことがあります。

理想的なのは図2のような全方位的体制で、できる限りフラットな形の縦割り体制との混合型です。お互いが、自由に意見を言えて、それぞれに権限や責任がある組織体系の方が、より組織は活性化します。

【図2】

全方位型

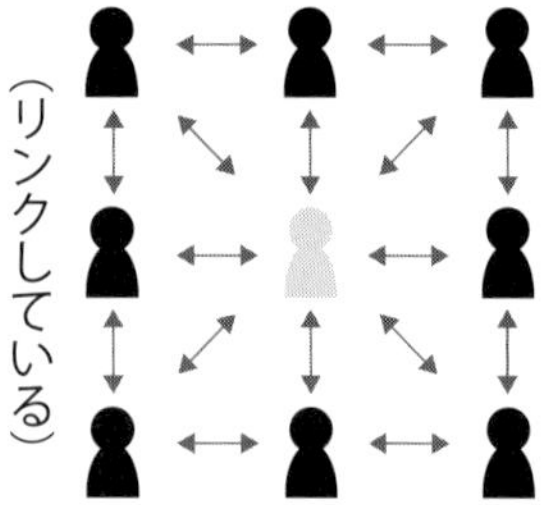

【図1】

ピラミッド型

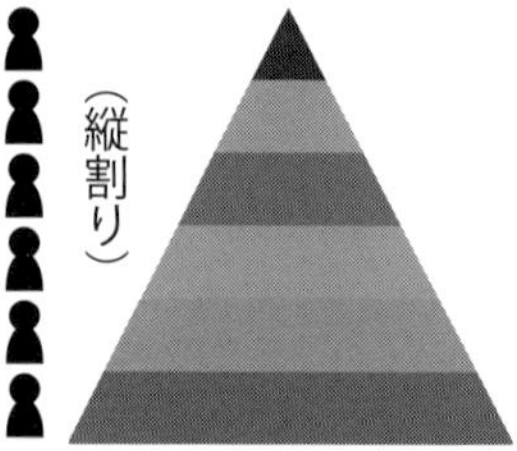

01-②

チームビルディングと暗黙知の見える化

チームを編成しよう

役職で階級を作るのではなく、それぞれの役割を持ったチームを作りましょう。一定の個人だけに業務の責任や権限を持たせるのではなく、チーム単位にすることで、業歴が浅いスタッフも、チームの一員として頑張ってくれます。

チームには責任と権限を持たせることで、主体性を促進することができます。責任だけあっても過度な負担になってしまいますし、権限だけあってもいけません。うまくバランスを調整することが店長やオーナーの腕の見せ所でしょう。

チームの形はお店によって異なります。それぞれのチームに担当をつけましょう。スタッフがやりたいと希望したか、その人のいいところが生きるかが重要なポイントです。

01-③

チームビルディングと暗黙知の見える化

メンターの役割を担う人を決めよう

メンターという言葉を初めて知る人もいるかもしれませんが、メンターとは**自己の能力・経験値を最大限に活用して、相手の能力を最大限に引き出し、支援する人**になります。

ですのでメンターは先輩が後輩に業務を教えるというものとは少し異なります。可能性を引き出してくれる人です。

具体的にはこの人はＳＮＳに詳しいから、お店のインスタグラムの運用のリーダーをお願いしてみる、接客が得意だから、マニュアルの制作をお願いするなどです。そのお願いを引き受けてくれた人がメンターです。教えてもらう人がメンティーです。もちろん一方的に押し付けるのではなく本人の意向をしっかり聞くのは当然です。

メンターがいることで本人が気づいていない才能が開花することもあります。それぞれの持ち味を最大限に生かすことが結果的にチーム力を向上させることに繋がります。

01-④

チームビルディングと暗黙知の見える化

相互支援のための自己分析

メンターとメンティの関係は、業務歴が長い人から教えてもらうというパターンが常識的です。しかし、必ずしも上司がメンターであるとは限りません、ある分野ではアルバイト1年目の人がメンターになることもあり得ます。一般的な慣習にとらわれずにフラットな視点で考えましょう。

それぞれのスタッフにどんな強みがあるのか、次ページのレーダーチャートの例のように、自己分析をして、スタッフ間で意見を交換するものいいでしょう。意外な強みが発見できるかもしれません。重視されがちなのはスキル面、どんな能力があるのかということですが、スキル以外の人間力で、秀でた部分があれば、そこを明らかにするのも非常に有意義なことです。

■レーダーチャートで自己分析

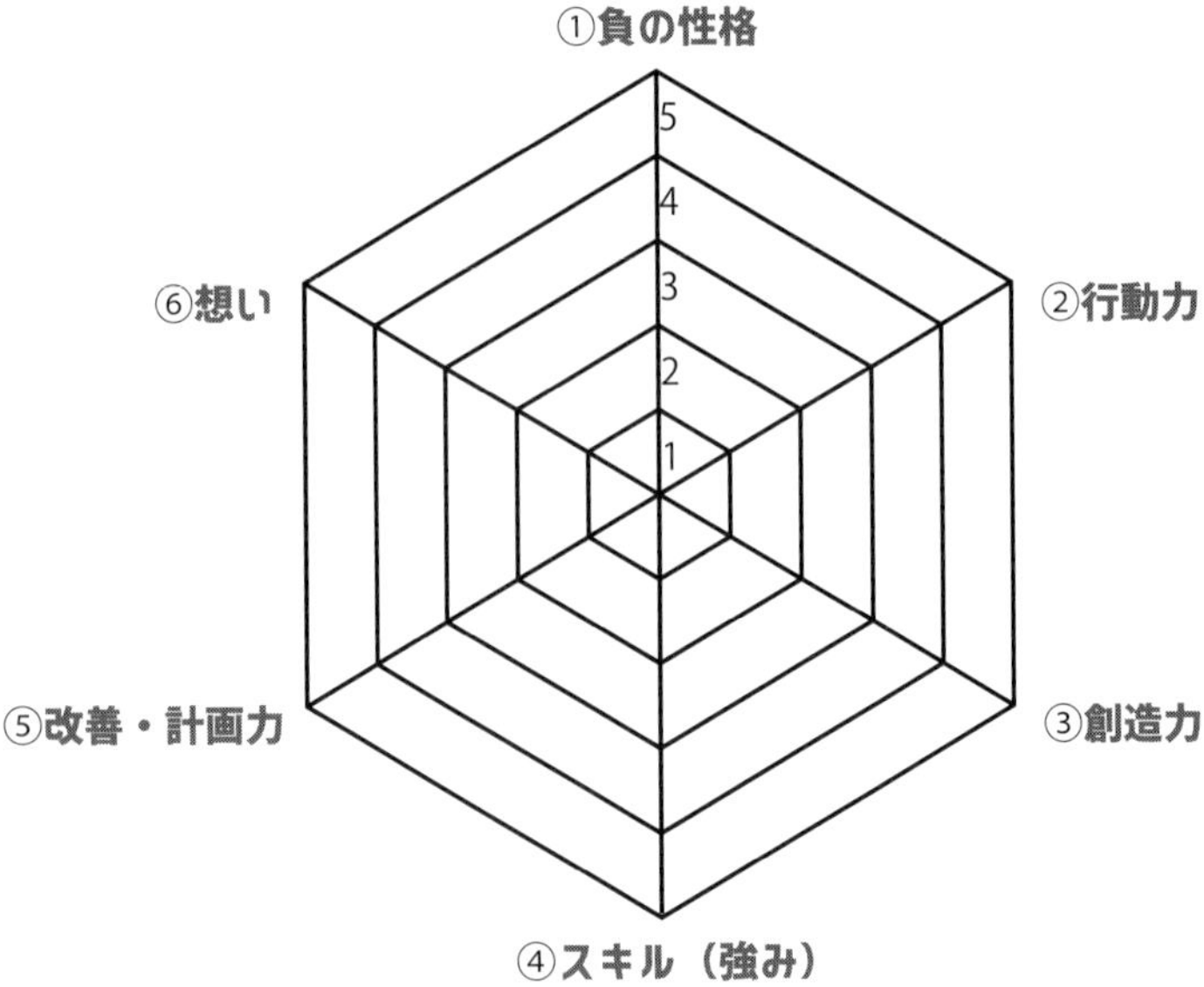

①　負の性格を見える化してみる

例）　根気が無い。

いつも独りで行動する。…2点/5点

②　行動力

例）　直ぐに行動をする。（行動が先）

結果はある程度出している。…4点/5点

③　創造力

例）　新しいことを常に考えている。

アンテナを常に張っている。…4点/5点

④　スキル（強み）

例）　企画力や表現力は長けている。

ヒットメニューがたくさんある。…5点/5点

⑤　改善計画能力

例）　ＰＤＣＡが上手く機能できていない。

タイムマネジメントが苦手…2点/5点

⑥　想い

例）　目標もなく、ただ過ごしている。

いつも目先だけを追っている。…2点/5点

01-⑤

チームビルディングと暗黙知の見える化

パラダイムシフト

思い込みを変えることで見えるものが変わってくる。

知っている方は多いと思いますが、この絵は何に見えますか?見る人によって違います（※答えは114ページ）。

①

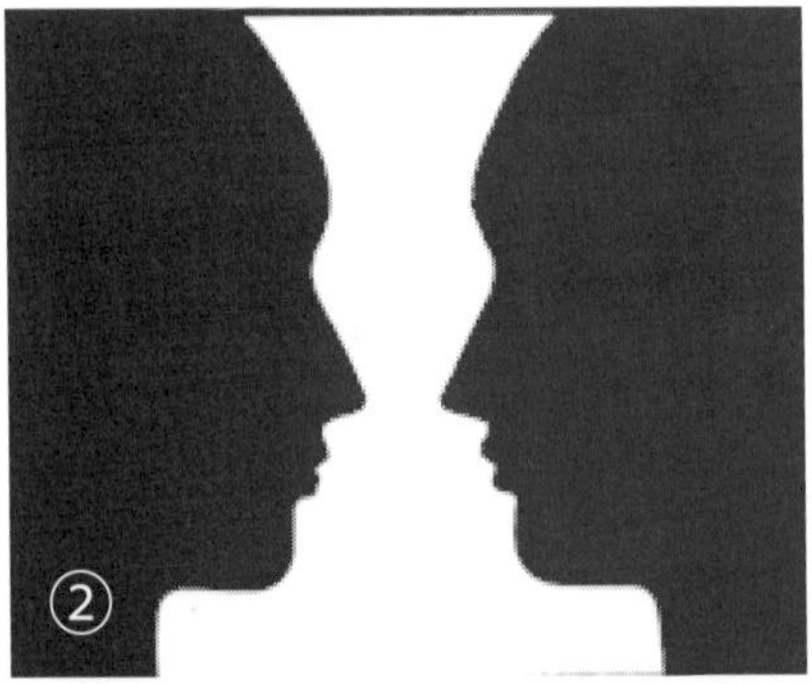
②

③

チームで議論を交わす前に、パラダイムシフトも重要です。パラダイムとは思い込みや先入観、固定観念で、それらを取り払って考えましょうということです。時間が足りないからできない、予算が足りないからできない。そのような思い込みがあったまま議論を重ねても、決していいアイデアは浮かんできません。

思い込みをなくして、自由で前向きな気持ちで議論するようにしましょう。そのためには人の意見は否定しない、できない理由ではなくできる理由を考える。そのようなルールを決めれば、より意見が出てくるでしょう。

できないというのは
固定観念のなかで考えるから
固定概念を外せば
できる方法が浮かんできそう

次のようなパラダイムに

縛られていませんか？
自由な発想をすることで
思わぬ解決策が生まれたりします。

例えばこんな固定観念
・予算がないと何もできない
・経験がないからできない
・人が足りないから実行できない
・設備がないからできない
・自分の能力ではできない

※112ページの答え　人によって①「うさぎ」「鳥」。②「向き合う顔」「壺」③「若い婦人の後姿」「老婆の横顔」

■パラダイムとは

パラダイムとはあなた自身の思考を束縛するもの。

解き放つことで可能性は無限に広がります。

01-⑥

チームビルディングと暗黙知の見える化

暗《あん》黙《もく》知《ち》について

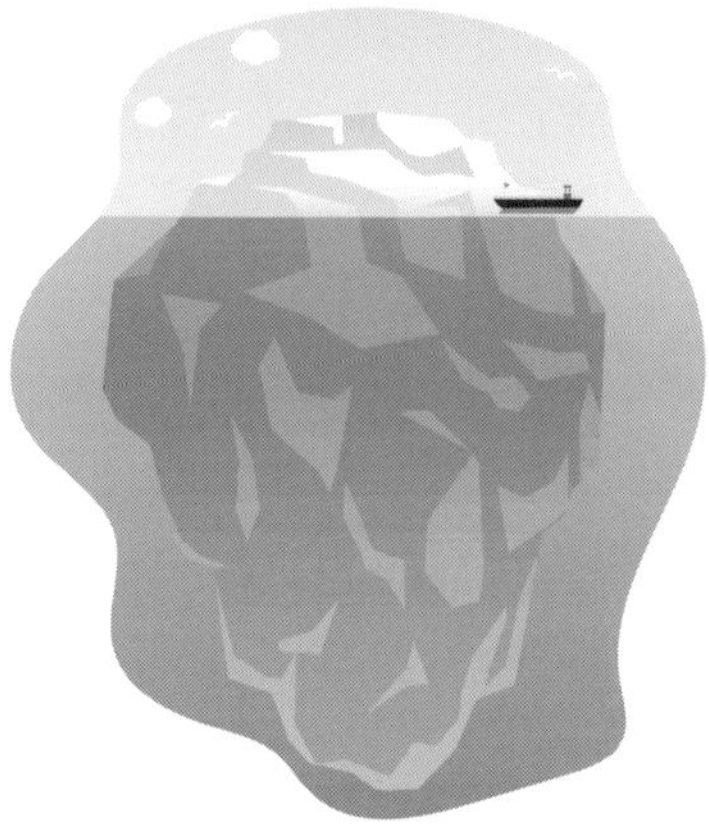

チームで議論を重ねるうえで大切なことが、もう一つあります。それは暗黙知です。

暗黙知とは経験に基づく知恵です。これらは各自が実行してきた工夫や経験ですので、各自の脳や体にインプットされたものです。

それぞれの人が何となく理解してはいるものの、自分の言葉では説明できず、他の人とも共有できていないことが多いです。

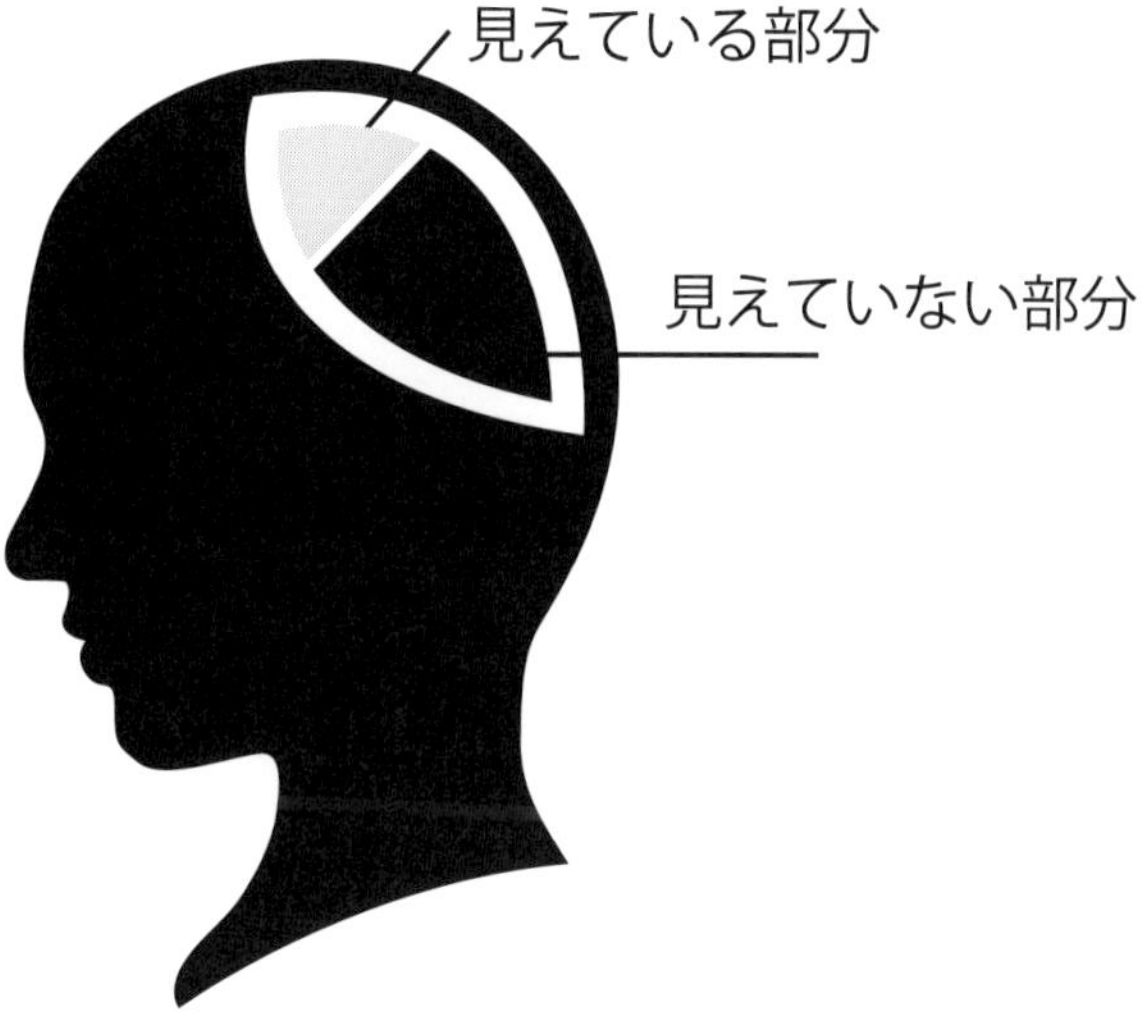

具体的な例でいうと、接客が得意な人は、□□なお客さんが来たら○○のように話せば大体笑顔になってくれる、という○○の部分の感覚を何となく実践しているものの、どうやっているのかと聞かれても、それをうまく言葉でも説明できない、直感的に対応している場合などがあります。

このような暗黙知を見える化して、みんなで共有できた方がいいと思いませんか。

01-⑦

チームビルディングと暗黙知の見える化

ナレッジ見える化ミーティングで暗黙知を見える化

それぞれが持っている暗黙知を見える化するための方法があります。課題を出してみんなで意見を書き合いながら、見える化する手法です。意見の記入には大きめの付箋《ふせん》を使います、それを模造紙などに張り付けていき、意見を見える化します。その書かれた意見にはみんな理由があるはずです、なぜそう思うのか、を掘り下げていけば、過去にこういうことが有ったからという意見などが出てくるでしょう。それは皆さんの今までの経験に基づいた知恵であり、暗黙知です。

みんなの頭の中にあったそれぞれの暗黙知が、ミーティングによって見える化され、その見える化を整理して実行、改善、また実行、改善を繰り返しながら、お店独自のバイブルを創っていきます。

この手法は普段意見を言わない人や、言えない人の意見も抽出されるのが大きなメリットです。

■ナレッジ見える化ミーティングのルール

準備するもの

・大型の付箋（ポストイット）
・マジック（書くモノ）
・模造紙（付箋を貼るベースとなるもの）

3つのルール

①書く内容は一つ
②できるだけ動詞形で書く（例／「接客」ではなく、「笑顔の接客をする」）
③他人の内容を批判しない。

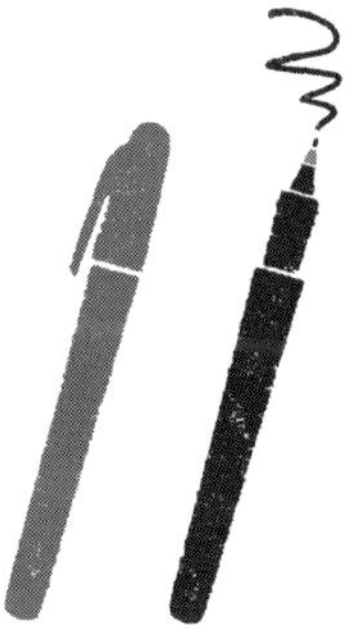

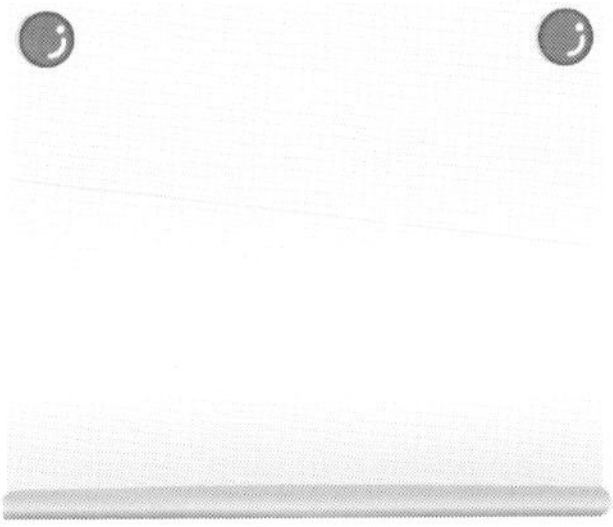

■ナレッジ見える化ミーティングを実行しよう

テーマをまず決めてください。例えば次のようなテーマです。

お題はまずは大きな視点から始めるといいでしょう。

□今の自分のお店はどの位置？

　←

□なぜそう思いますか？

　←

□その位置から一つ上の位置に行くには何をして、何を追加すればいいですか？

　←

□なぜそう思いますか？

　←

□多くのファン層を獲得するためにはどうすればいいと思いますか？

　←

□なぜそう思いますか？

例のように、お店全体の改善について始めるのも一つです。

それぞれ意見を出し合う（書き出す）ことで、この人はこんなことを考えていたんだ。この人はこんな根拠でこう言っていたんだ、なるほど。とそれぞれがたくさんの気づきを得られます。

逆に考えれば、このようなミーティングをせずに、具体的な改善を進めても、それぞれの頭の中の認識がそろっていない、足並みがばらばらの状況なので、途中で頓挫《とんざ》してしまう可能性が高いでしょう。

▼徐々にお題を掘り下げていきましょう

記入例

ナレッジ見える化ミーティング　テーマ：感情の7段階 **不満**の解消について		
意見の中から 右記を掘り下げ	「接客力が足りないため お客様からの不満が多い」 ので良い接客をする･･･ という意見が出た。	
掘り下げ例　①	スタッフみんなが思う良い接客力とは何か？･･･を、ナレッジ見える化ミーティング（以下「MT」）	･ファンの多いお店の内容を調べる。 ･実際にどんな接客がうれしいか常連さんに聞く ･いつも笑顔で接する ･アルバイトでもできる接客マニュアルを作成して実践
掘り下げ例　②	良い接客力について、 具体的に現場でできることについてナレッジMT	･来店客にオーダーを取る際にひざまずいて応対する ･メニューをきれいに作り変える ･オーダーから 5 分以内に料理を出す。 ･サプライズをする （後から料理単品をつけるとか）
掘り下げ例　③	サプライズをすると決まった。サプライズの内容をナレッジMT	･追加の選べるプチメニューをプレゼントする。 →プチアンニンとプチシューマイとプチアイス ･次回来店時のお楽しみくじを渡す（はずれナシ） →上記を紙ではなくスマホ対応にする。

ナレッジ見える化ミーティングのお題は、徐々に掘り下げて細かなところに進めていきましょう。より実際のアクションに近づいていきます。

意見を聞いたらできる限り、なぜそう思うのか理由を確認するようにしましょう。その理由の内容に前述した暗黙知が存在し、そこで表出された暗黙知を皆で共有するためのミーティングがナレッジ見える化ミーティングです。

それぞれの暗黙知を共有できて、対策も決まれば、あとはぶれることなく目的に進んでいくことが出来ます。

02 作業のゲーム化で新鮮で楽しく！

（例）売上貢献ではなく業務貢献オリンピック

まずゲーム化とは、業務をできるだけゲームのようなスタイルにして楽しく実行できるようにするということです。

具体的には、頑張った人、売上の結果につながった人だけではなく、お店の衛生管理に関する改善案を出した人などに対して表彰や報酬を与えるルールを作ったり、その過程の見える化（例えば現在の達成状況をボードに掲示していくなど）があります。

チームの目標を決めて、それを実行していくだけだと味気ないので、その取り組みが面白く感じるようになるのであれば手段は何でもいいでしょう。

ゲーム化の具体例（案）

リテールＨＡＣＣＰオリンピック

【衛生管理部門】

記録の確認に関するアイデアや意見、気づき、正確さなどの項目の分野で個人の金、銀、銅メダルを設定

・表彰制度の事例

→衛生管理を継続的に実施出来た＝衛生管理継続習慣化優秀賞
→キラーメニューが考案できた＝キラーメニュー発案賞
→お客様が感動できるサービスを提案＝感動サービス設計賞
→リテールＨＡＣＣＰオリンピック

※衛生管理賞、アイデア賞（店内 / 店外）、メニュー、接客面、改善＆習慣化の６つの要素を総合的に評価（数値化）

【最優秀賞・優秀賞・金賞・銀賞・銅賞】

■ゲーム化は見せ方が重要

ゲーム化はいかに見せるかが重要です。

例えば表彰制度、ただみんなの前で発表するだけでなく、実際に表彰状を作って渡すなど、見せ方によってゲーム感ができてきます。

いくつになっても表彰状をもらうのは嬉しいものですよね。達成すれば、シートにシールを張っていくなども見てわかりやすくゲーム感が出てくるでしょう。

ここで一つ気を付けたいのは、スタッフの温度感です。ゲーム化のやり方によっては逆にしらけてしまう人もいるでしょう。年齢層や性格によっても、受け入れやすい人もいれば、そうでない人もいます。みんなが楽しく取り組めるようなゲーム性を取り込むことが大切です。

03

あるべき姿と航海図

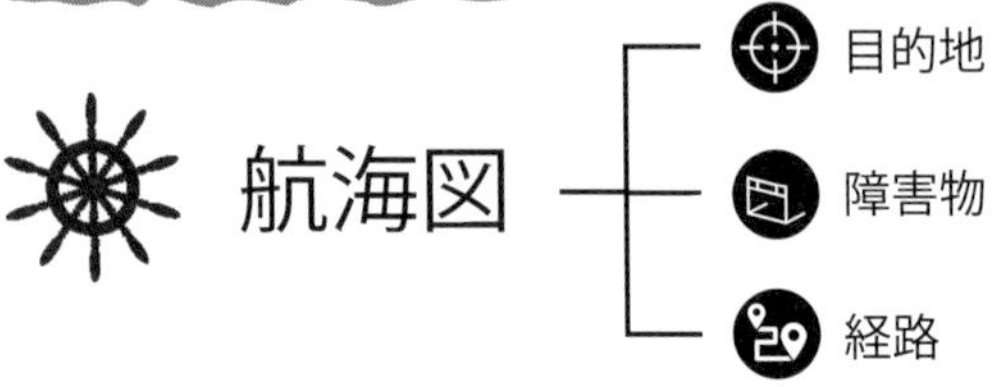

航海図を作ろう

航海図とはあなたのお店が未来に目指すイメージを記した地図です。

目的地…あなたやあなたのお店が将来目指したいゴールのイメージです。

経路…目指したイメージを実現するまでに通らなければいけない過程です。

障害物…途中の過程で乗り越えなければいけない課題です。

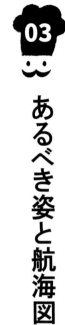

もう少し具体的に言うと、目的地とは例えば
5年後に3店舗展開する。
スタッフが楽しく仕事をしている。
地域に愛されるお店になる
などのゴールになります。

経路とは、そのためにするべきこと。
月の平均売上高を○○円にする。
スタッフミーティングを定期的に行う。
家族連れも楽しめるコースを作るなどです。

障害物は、競合との差別化の問題、お店の認知不足の問題など現状の課題です。

あるべき姿と航海図

質問です！

①あなたのお店はどんなお店ですか？
②あなた自身はどうなりたいですか？
③あなたは何のために働きますか？
④お客様にはどうしたいですか？
⑤お客様はどうなると幸せですか？

■航海図の作り方のファースト・ステップ

未来の理想のイメージを具体化するために、いくつかの質問を用意して、それに答えていけばいいだけです。そうすることで、あなたが思っていた理想の未来が言語化されていきます。

ポイントはあなた自身がどうありたいか？
どういう状態が楽しいと思えたり、幸せだと感じるかです。

チーム力を向上させていくためには航海図は必須です。まずは完璧でなくてもいいので作ってみましょう。

■航海図の作り方のセカンド・ステップ（目標と手段を定める）

航海図は、2次元ではなく、3次元です。

イメージできたファースト・ステップをベースにして、当面の具体的な目標を定めましょう。当面の目標とは、最終ゴール（=目的）へ向けての階段です。掘り下げていくために月間の目標など、比較的短期間で設定しましょう。

そして手段とはその実現のために必要なアクションになります。

目標もただ定めているだけでは実行できません。具体的な手段を設定して、それを積み重ねることで実現されます。

■大枠が定まるとぶれなくなる

航海図や目標という軸がしっかり定まると、ぶれなくなります。

売上の一時的な下降に対しても振り回されなくなります。手段はやっていく中で変わっても構いません。より有効な手段が思いついたのであれば、変更した方がいいでしょう。

そう考えると、いかにみんなが信じられる航海図や目標を定められるかが重要です。

そのためには何度も考え直してみたり、できるだけスタッフ全員ですり合わせをしてもいいでしょう。

しっかりしたビジョンがあることで、スタッフが一丸となってそこに向かうことができるため、チーム力は向上します。

当面の目標と手段

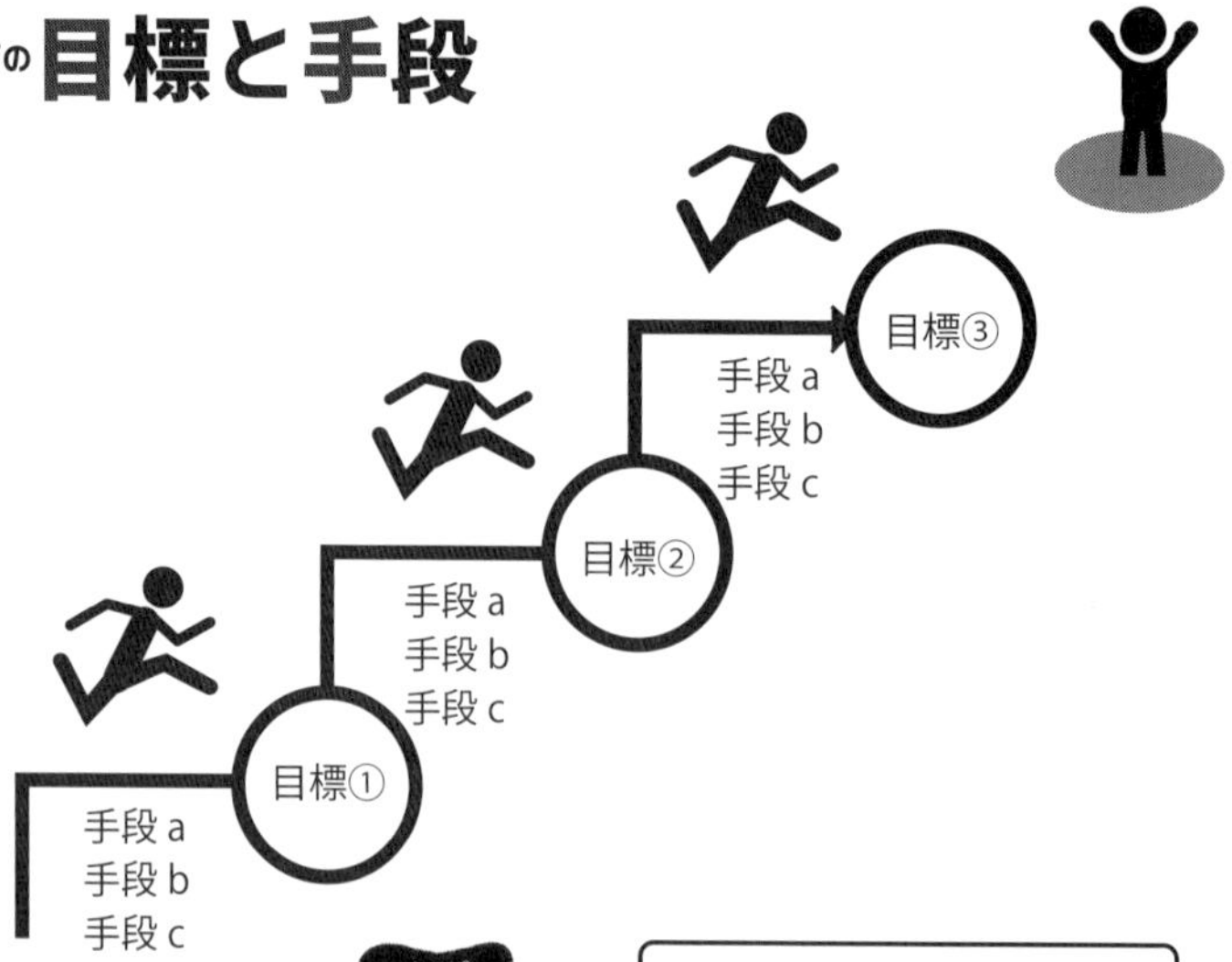
目標①
手段a
手段b
手段c
目標②
手段a
手段b
手段c
目標③
手段a
手段b
手段c

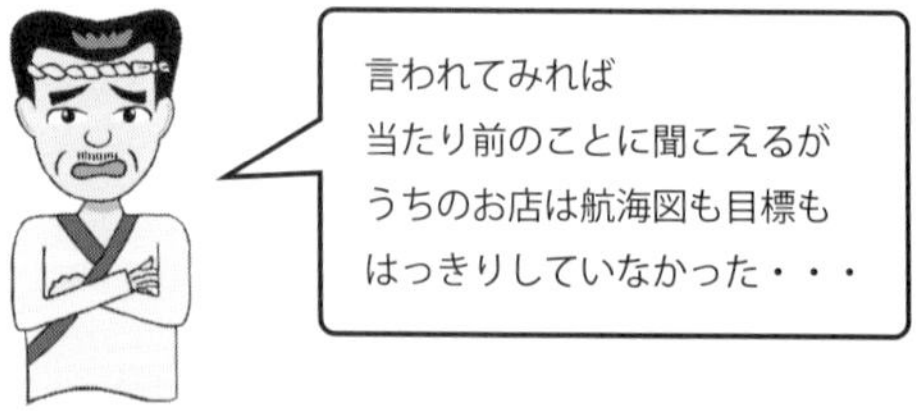
言われてみれば
当たり前のことに聞こえるが
うちのお店は航海図も目標も
はっきりしていなかった・・・

04　人間力と個々の能力の向上

人間力の重要性　―なぜ人間力が必要なのか？

お客様の「あ～美味しかった！ありがとう」は味だけの事でしょうか？

お客様はお金を払っているのにどうしてあなたに「ありがとう」と言うのでしょう？

なぜ、料理に人間力？美味いもの出せば文句ないでしょ？

まずは「なぜ重要なのか？」についてお話しますね。

味が美味しかったから…。それは必須でしょう。お客様はあなたが生み出した価値に感動して「ありがとう」と言ってくれていると思いませんか？

その価値と感動を提供できる能力が人間力です。美味しいものを提供していれば繁盛できるはずです。今後はプラスαの体験型も含めて、今以上に人間力が必要になっていくと思います。

次ページの図は、人間力が備わったお店と、人間力が未熟なお店を比較したものです。

内容的に対照的です。この違いが数カ月、半年、1年、数年…と続けば、圧倒的なチーム力と場力の差になります。

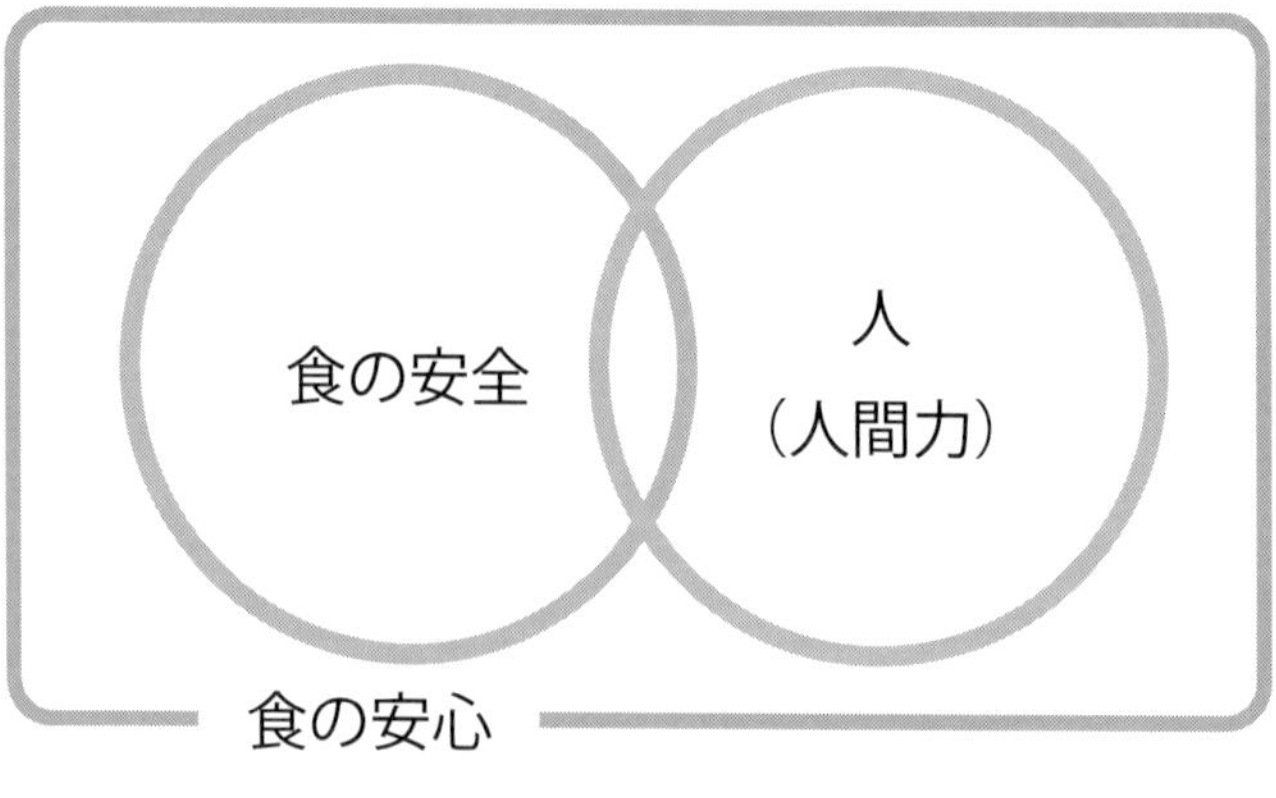

【人間力の備わった自立（律）型のお店】

・何か他にできることはないか考えよう

・個性を尊重しよう

・自分だからできることを考えよう

・みんなで目標を達成しよう

・チームのために貢献しよう

・楽しく働こう

【人間力が不足している依存型のお店】

・言われたことだけしておこう

・個性のある人は苦手

・誰がやっても同じ

・目標は店長が考えること

・自分が良ければそれでいい

・仕事はつらいもの

チーム力があるかないかで圧倒的な差が生まれます。

05 個々の活力を伸ばし、場力を上げる

個々の活力を伸ばす要素は3つです。

①知力…料理の知識、マーケティングの知識、接客の知識など、業務を行う上で必要な情報（データ）が該当します。

②行力…行動力になります。

いくら良いアイデアを持っていても実行力が無かったり、いつまでも放置したままでは、何も変化は起きません。

③感力…お客様に感動して頂くには?現在のトレンドは?など、相手を感じとれる力と自身の感性のことです。

これら3つの力が交わった部分が活力です。個々の活力が上がると、場力が上がってきます。お店がプラスの雰囲気に溢れ、活気がでてきます。

そして場力が上がってくると引き寄せの法則が働き、お客様が自然と集まってくるようになります。

あなたも、なんとなく直感することはないでしょうか？このお店は何となく満足させてくれそうだ…というオーラです。

良い波動がいいお客様といい業者も引き寄せるようになり、お店に好循環が生まれてきます。

お店のスタッフも含めてチェックしてみましょう。

ある人は知力に優れた人がいるかもしれません。感力が鋭い人がいるかもしれません。

チーム全体で引き寄せの法則が働くようにそれぞれの才能を理解して伸ばしていきましょう。

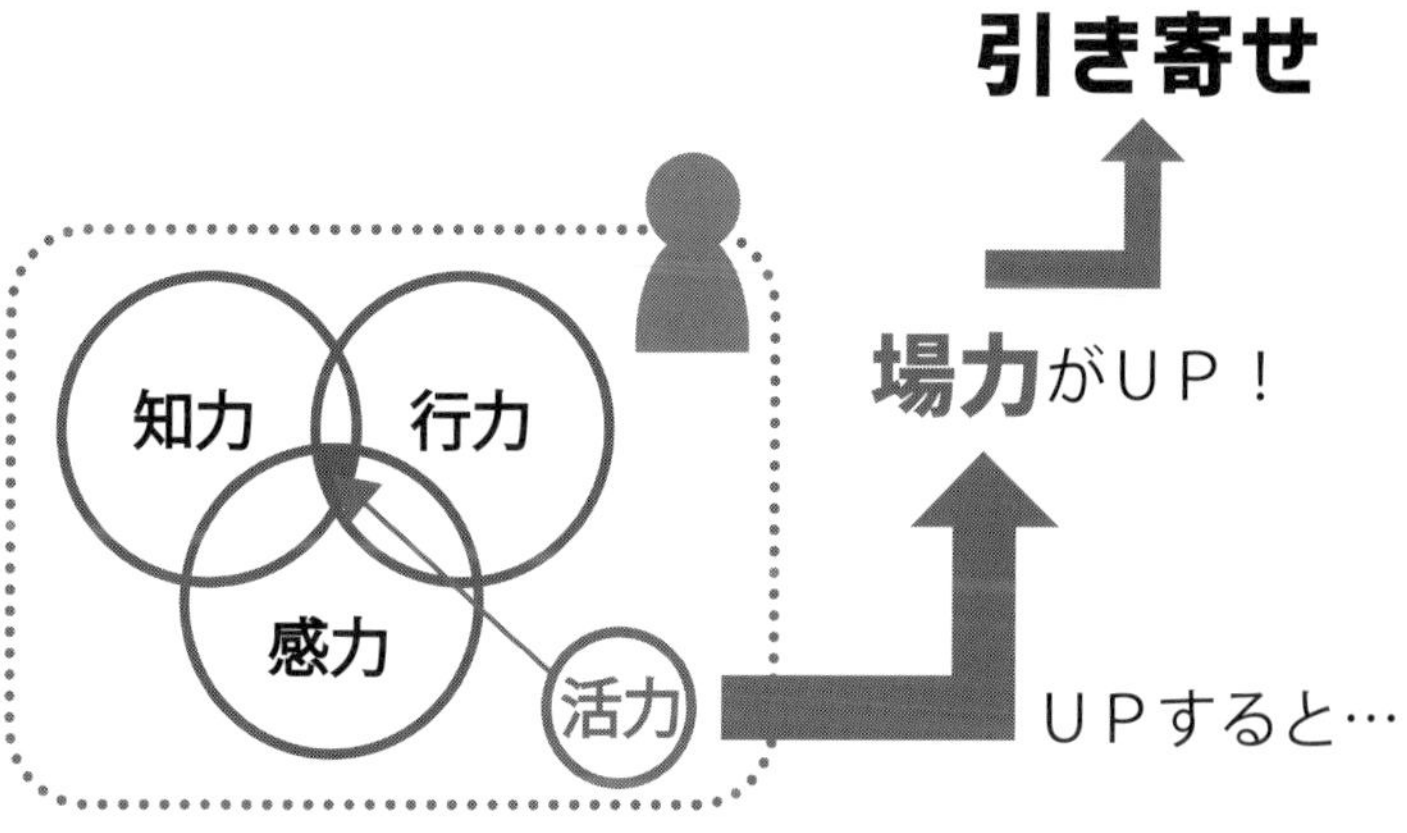

■引き寄せと奇跡

目的が定まると

→**ぶれない**状態になる（＝軸ができる）。

→目的地までの**ギャップ**がイメージできるようになる。

→そのギャップを埋めるにはどうすれば良いか考え始める。

→様々な想像力（創造力）を活用し始め、**アンテナ**を張るようになる。

→想いが実現していく（思考の現実化）。

→共感する人（お客さま、スタッフなど）が**引き寄せ**られてくる。

→人々が奇跡と呼ぶような大きなことが実現される。

【第3章のまとめ】

□　チーム力をアップさせるにはコツがある。

□　各分野に秀でた人がメンターとして支援し、全体の底上げをしていく。

□　固定概念にとらわれないナレッジ見える化ミーティングの実施で暗黙知を見える化。実戦&改善を重ねてお店独自のバイブルを創り上げていく。

□　航海図や目的などを設定する。

□　自立（律）型スタイルで活力と場力をアップして、引き寄せの流れを創る。

リテールHACCPの
取り組みが
「売上に繋がらない・・・」
「面倒くさい・・・」
というのは大きな誤解です。

CHAPTER

4

リテールＨＡＣＣＰを実行するとなぜ売上もあがるのか？

01 リテールHACCPと売上アップの相関関係

次ページの図Aは外食ユーザーが飲食店を選ぶ際に食の「安心」や「安全」を重視しているかについて、私が代表理事をさせていただいている一般社団法人特化エキスパート推進協議会が全国の外食ユーザーに実施した自社アンケート結果です（調査数は500人）。

これを見ると半数以上の方が「安心」や「安全」を重視している事が分かります。つまり、どちらも意識することで次回来店が期待できる要素となります。

美味しいモノを提供していればお客様の満足は得られるのだという考え方は改め直す必要があるのです。

次ページの図Bは食の「安心」を感じる為にどんな取り組みが評価されているかのアンケート結果です。安心を感じてもらうためにできることは沢山ありそうですね。食材の産地の開示の次に、「食品衛生に関する学習」の評価が高くなっています。

【図 A】

外食店を選ぶ際の「食の安全」と「食の安心」についての意識

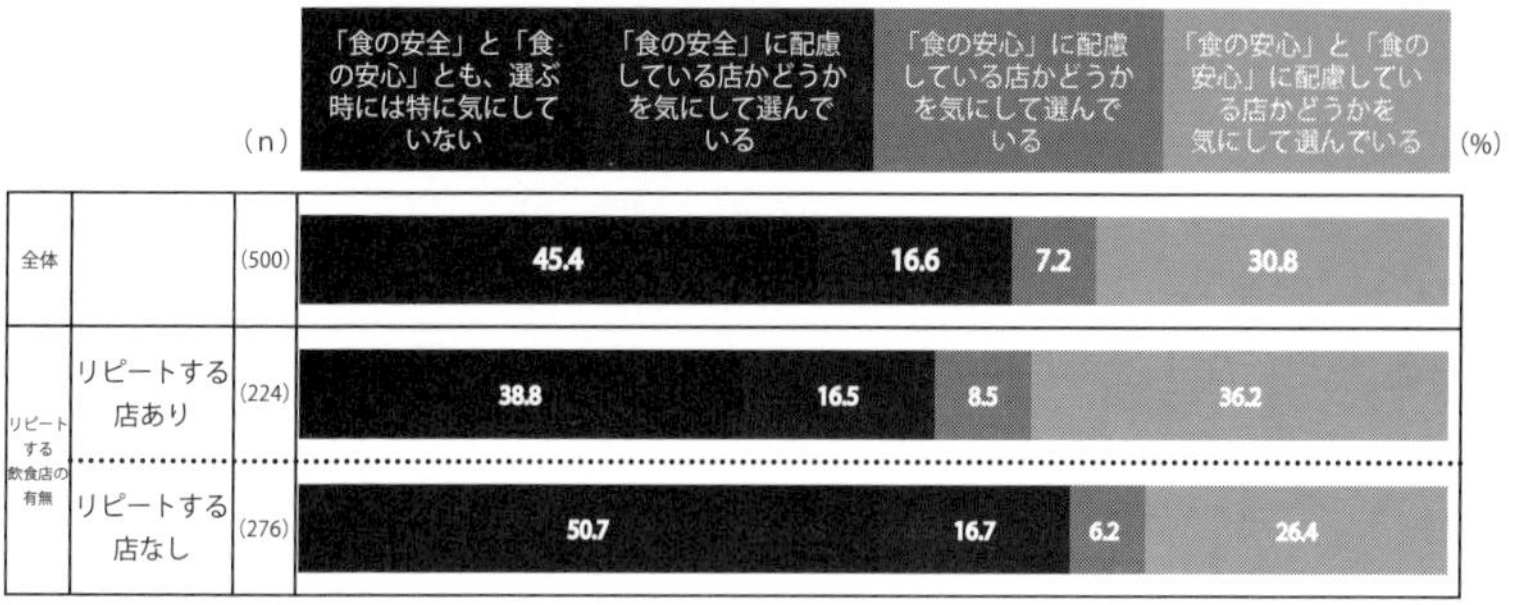

【図 B】

「食の安心のチェック項目」に対する評価

一般的な話として、飲食店が以下の（1）～（10）のようなことを実施している場合、あなたはどの程度「安心な店」と感じますか。

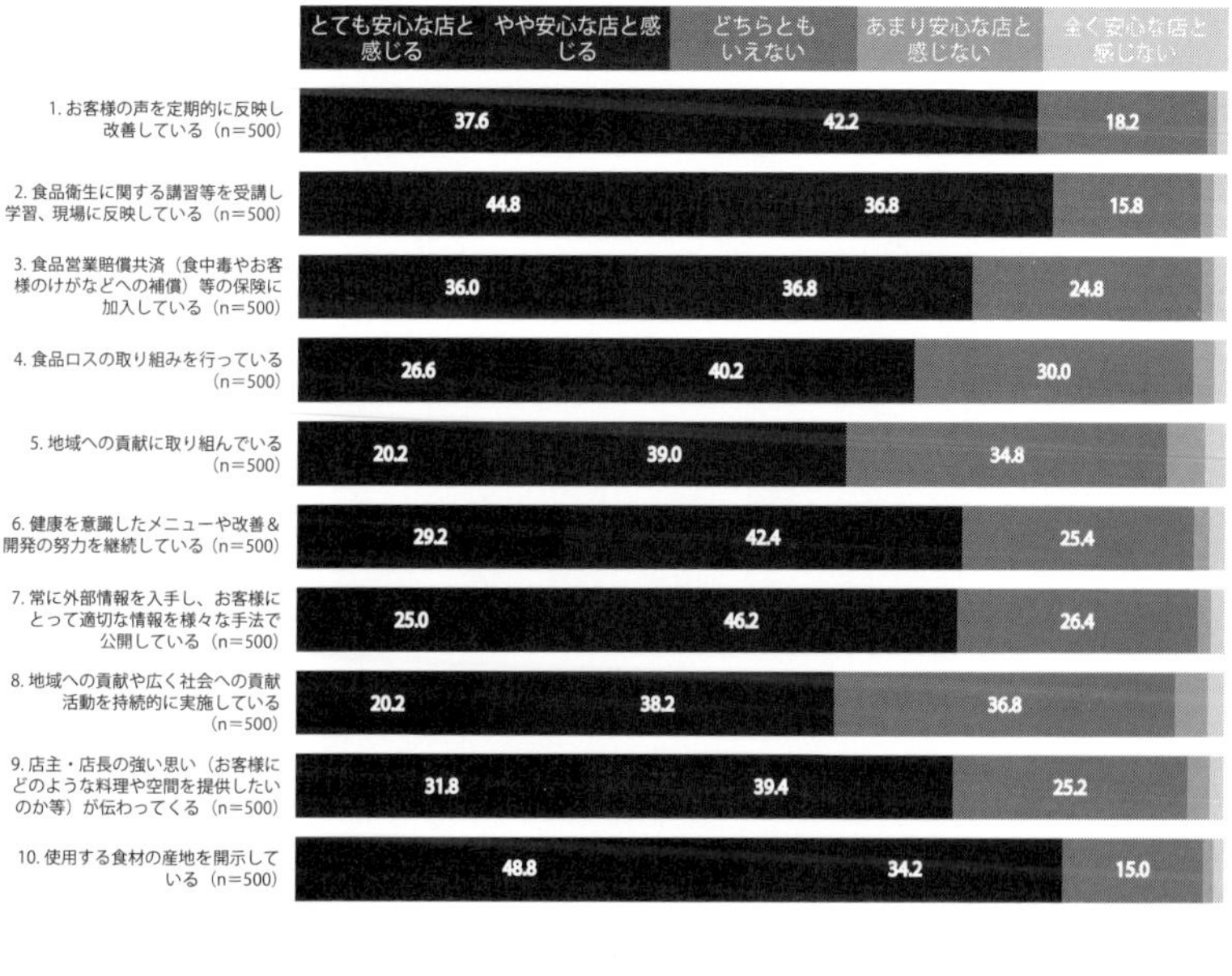

それでは、ＨＡＣＣＰの取り組みによって、実際に成果が得られるのか・・・という点が気になるかと思います。

公的機関がＨＡＣＣＰ導入企業にアンケートをとった結果が下の図になります。

品質・安全性の向上が７９．３％と高い比率となっています。よって、ＨＡＣＣＰの取り組みにより、品質・安全性が向上し、消費者の信頼を得ることができ、売り上げアップにつながるという因果関係は成立しそうです。

またこの図から、その他にも従業員の意識の向上など、様々なメリットがあることが分かります。

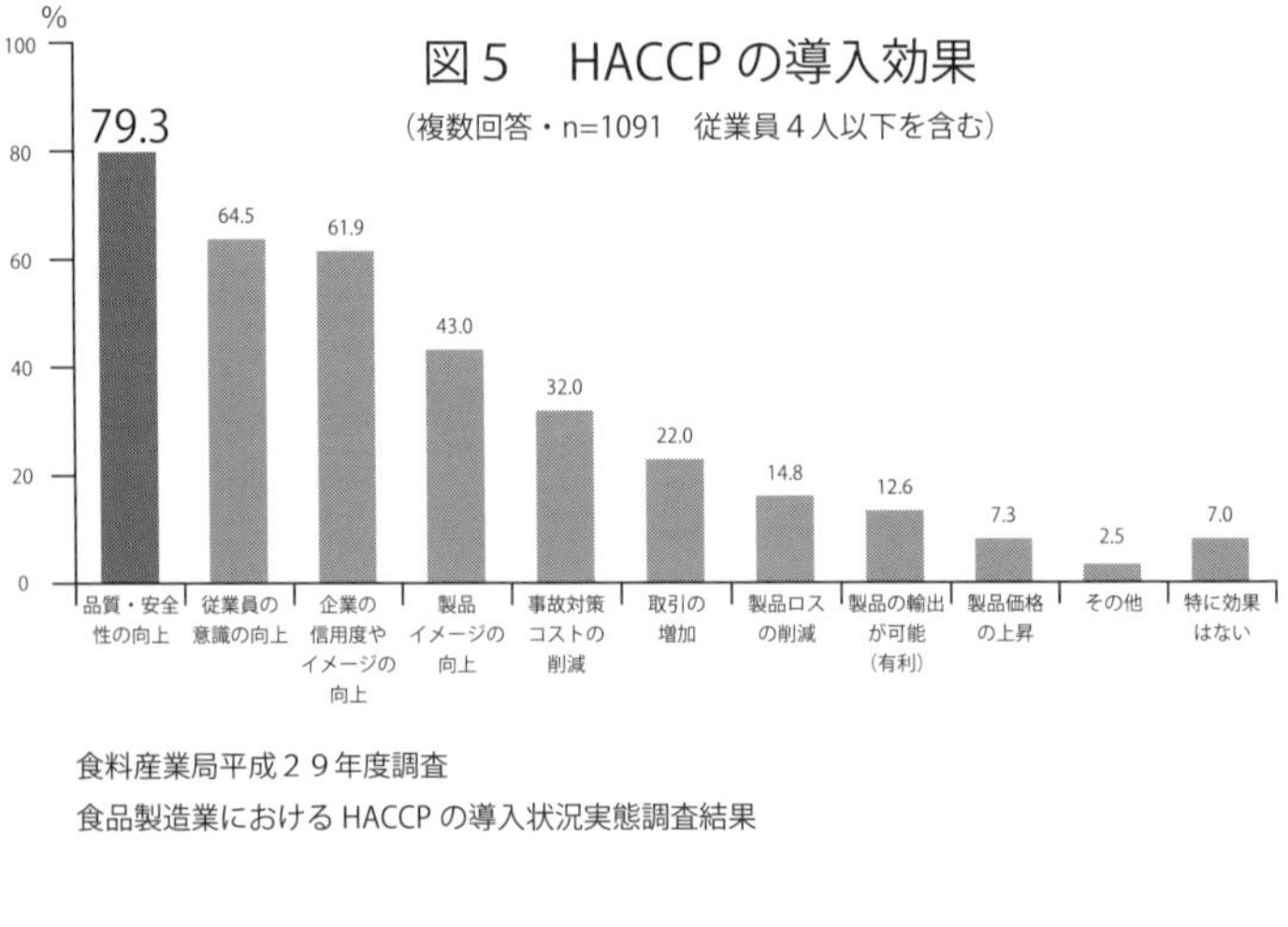

図５　HACCP の導入効果

（複数回答・n=1091　従業員４人以下を含む）

食料産業局平成２９年度調査

食品製造業における HACCP の導入状況実態調査結果

■義務化に対応するなら掛け算で思考する

ＨＡＣＣＰの取り組みは義務です、したくないは通用しません。めんどくさいと思う人も多いでしょう。

しかしその取り組みで、お客様の信頼が向上し売上アップにつながることも理解いただけたと思います。それならば、前向きに取り組んだほうがいいに決まってます。

ＨＡＣＣＰの取り組みを進める中で２つの事を意識すると、さらに売上アップにつなげることが出来ます。

それについて次ページ以降で紹介します。

02

リテールHACCPと同時進行で売上アップを実現する2つのキッカケ

① チーム力を向上させることになる。

HACCPはスタッフ全員の協力が必要な取り組みです。ですのでHACCPの取り組みを行う中で、効果的なミーティング、スタッフがやる気になるお店作りなども併せて行うことで、チーム力を向上させる事が出来ます。

② メニューなどを見直す

HACCPはメニューを細かく分解して考える必要があるので、その機会を生かして、既存メニューの見直し、新メニューの開発なども行うことができ、メニュー力を向上させるキッカケになります。

最終的に売上アップにつながることになります。

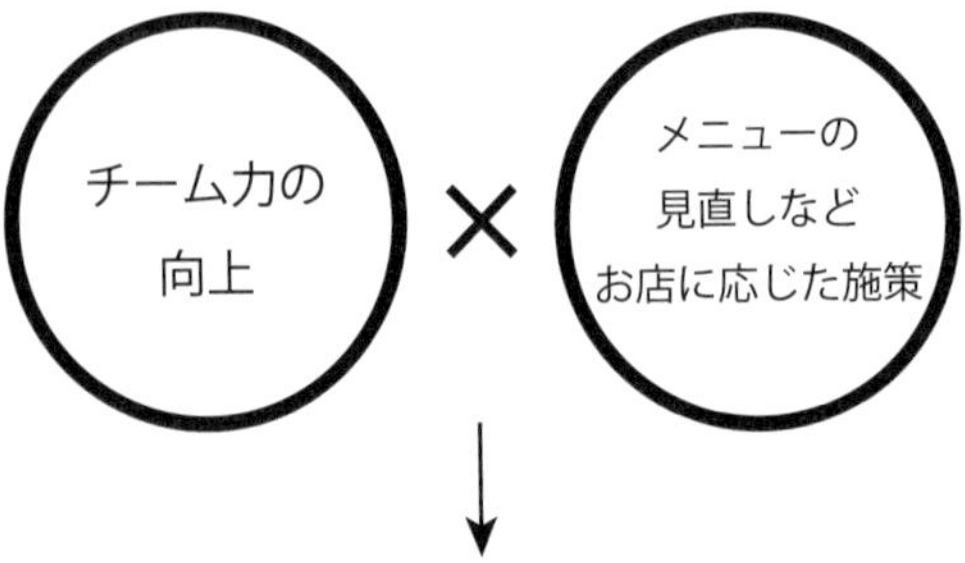

03

売上＝客数×客単価という公式の応用

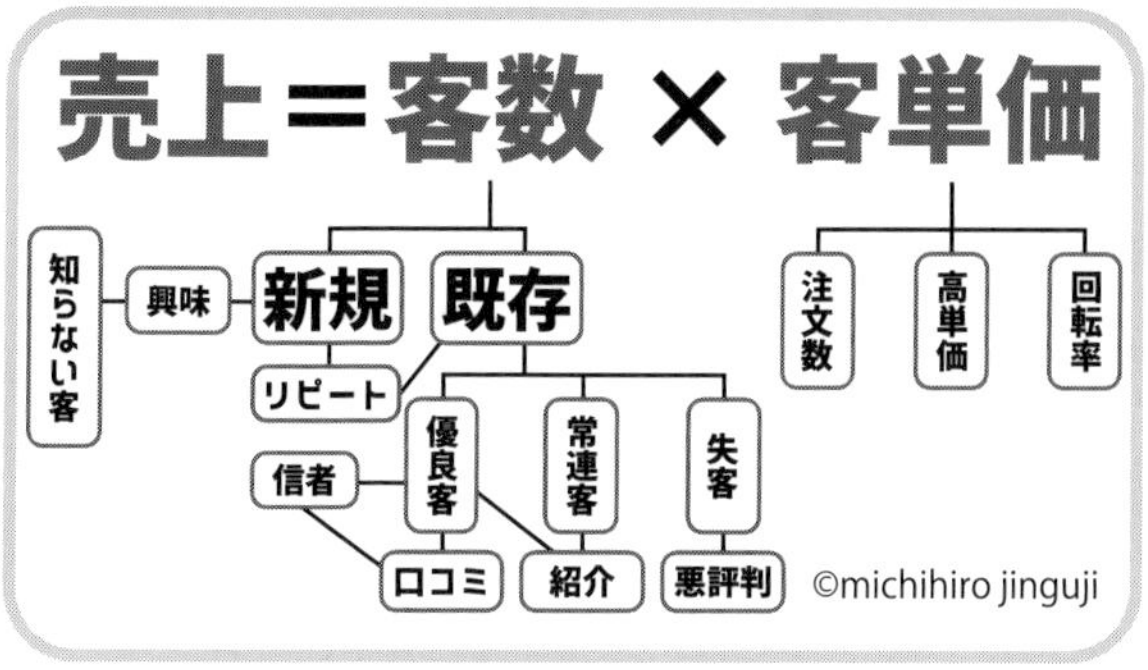

上の図は、売上＝客数 × 客単価という公式をさらに細かく分解したものです。

皆さんは、自店の強みや弱みがどこにあるか把握されているでしょうか？

客数が問題なのであれば、それは新規客の集客でしょうか？既存客のリピートでしょうか？

既存客であれば現在、優良客はどれくらいでしょうか？

それぞれの数値を把握して、自分のお店の課題を分解して把握することは非常に重要です。課題が明確化すれば対策も立てやすくなります。

04

アイデアの数とテスティングが重要

アイデアは、まず実行

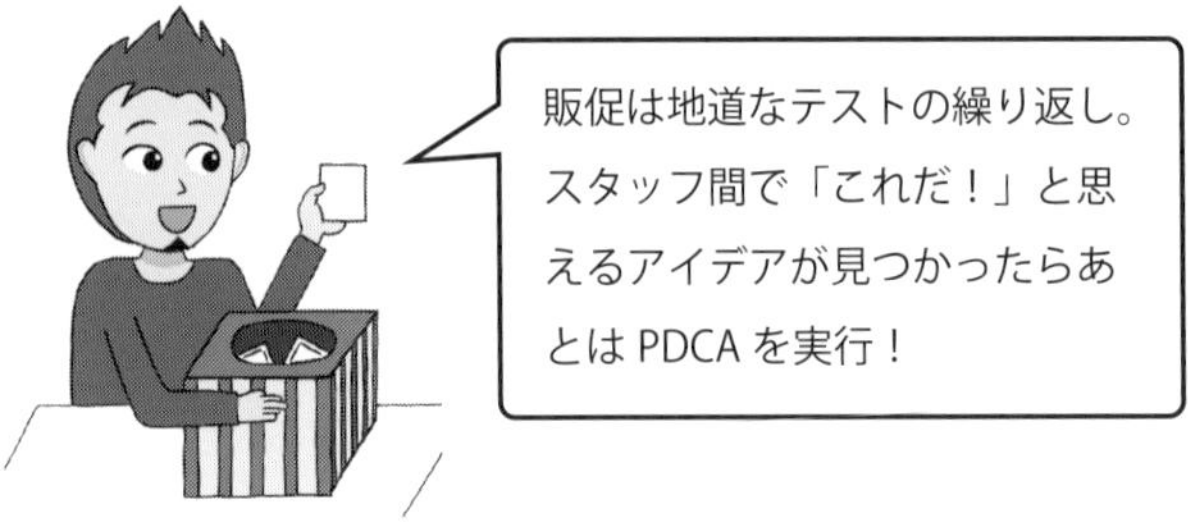
販促は地道なテストの繰り返し。
スタッフ間で「これだ！」と思えるアイデアが見つかったらあとは PDCA を実行！

アイデアは、まず実行。

販促は地道なテストの繰り返しです。

スタッフ間で「これだ！」と思えるアイデアが見つかったら、あとはＰＤＣＡ（アイデア→を実行→見直し→再検証）です。

よく、決めたことを、実行してうまくいかないと、逆にモチベーションが下がるという方がいます。しかし、アイデアは実行しないと、どのような結果が生まれるかは分かりません。

アイデアは、例えばキャンペーンとして行えば、途中で中止されても、お客様も納得します。ヒットしたアイデアのみ、大好評につき継続とすればよいのです。

とにかくたくさんの案を考えたら実行することです。そして、最低でも１０個アイデアを考えたら、期間を決めてテスティングすることをお勧めします。

そして実行する案が決まれば、ＰＤＣＡ（アイデア↓を実行↓見直し↓再検証）を回していきましょう。

やりっぱなし、検証なし、などではいつまでたってもよりよい結果は生まれません。

お客様の目線で…、あるいは、直接お客様に聞いてみて実行してみると自分たちが想像もできなかった結果が生まれることが多々あります。

05

価値と感動の設計（顧客感情の7段階）

次ページの図はお客様の満足の度合いを不満足から大満足への段階に分けて記載したものです。

ファンや信者が多く、自分と自分の商品を信じることができ、お客様に信者になっていただけるお店は儲かるお店だという考え方です。

実際にはいろんな段階のお客様がいると思います。スタッフによって感じ方も違うでしょう。例えば、3つの「F」（不満・不安・不便）についてなど、できれば、この機会に今のお客様やお店はどの段階の状態なのかなど、話し合ってみましょう。

そして現状を分析して、今後目指す姿をみんなで共有しましょう。ミーティングをする際には、なぜそう思ったのか、そしてさらに上のステージに行くために、具体的に何をすればいいのか、について意見交換をしましょう。

顧客満足＆分析
感情の７段階
現在、どこ？
←この店、大好き！
何度でも来たい！大好きな人と
一緒に来よう！
熱狂
ファン
信者
感激
食べログで他の人にも
教えたい！
感謝
ありがとう！友達誘おうっと。
感動
美味しかった！次も来ようかな。
満足
ごちそうさま、まあまあ。
不満
感じ悪い！マズイ！何なの？
怒り
二度と来たくない！
信者
儲かる
＝リピート＆高単価

06-①

活用ツール例

メニュー表改革（10秒コメント）

難しい改善も、お金がかかる改善も多くありますが、簡単でお金もかからない改善方法をご紹介します。それはメニュー表に価値提供コメントを追加することです。メニューと価格だけの紹介よりも、こだわりや価値提供コメントなどがあるだけで、注文が増えることがよくあります。

価値提供コメントは１０秒程で説明できるコメントです。お客様から「お勧めは何？」と聞かれた時に、サッと答えることができれば、お客様の背中を押して、サイドメニュー等の追加注文の確率も上がります。

メニュー表に価値提供コメントがあると、よりイメージが伝わるだけでなく、お客様も一番食べたいものをしっかり検討できるようになるので、注文で悩むというストレスもなく、むしろ満足度は上がります。

次ページののサンプルイメージと記入サンプルを参考にして、チャレンジしてみてください。

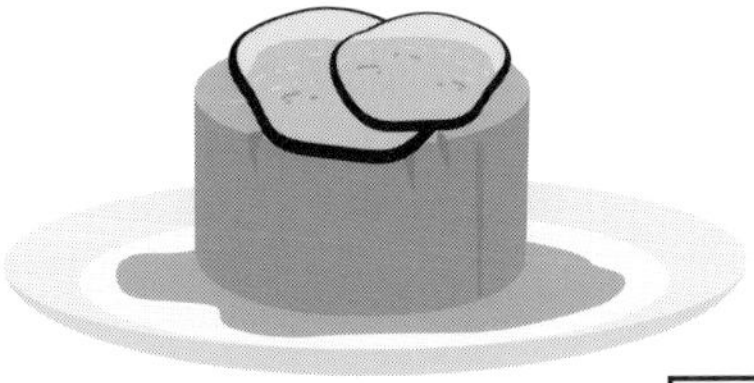

記入例

熱々！鹿児島産黒豚乗せ大根

大根は地元千葉産の有機大根！お酒にばっちり合う絶妙な出汁。

絶妙な出汁をたっぷり含んだ厚切り大根の表面を香ばしく焼き上げ、その上に鹿児島産の黒豚ベーコン。２つの触感もぜひ、お楽しみください。

☑５０kcal/ ヘルシー度★★★★☆
☑黒豚乗せ大根に合うお酒とセットで！

[イメージしてまず記入してみる]

キャッチコピー

美味しそうな写真

※写真は五感に響くようなイメージ。
できるだけクオリティーの高いものを。

☑そのメニューの最も知って欲しい内容
☑そのメニューは他店には無いか？
☑そのメニューを思わず注文したくなる情報などは？（注文しないと損する？）

☑カロリー表示？
？？kcal/ ヘルシー度★★★★☆
☑セットで申し込むと得すること？

☑金額

06-②

活用ツール例
マジックチラシ

次ページの画像は実用新案取得のマジックチラシという私が友人と考案し、実際に飲食店サポートの際に実施した対策の一つです。

飲食店のお客様にリストの中から一つだけ、一番食べたいものを頭の中で決めてもらい、それがそれぞれのリストの中にあるか、ないかだけを聞きます。そして4回聴取すれば、お客様の一番欲しいと思っていたメニューをスタッフが言い当てるというパフォーマンスになります。

このマジックチラシの意図は…

お客様とのコミュニケーションです。

お客様とのマジックチラシをキッカケにしたコミュニケーションによって、一瞬で和やかな空気を作り出すことができます。

結果、お客様にとって、お店にいる間の時間を楽しく過ごして頂き、見事言い当てた際には、結構な驚きと共に、サイドメニューの追加注文をしていただけます。

これからはコト消費や意味消費の時代です。

▼「マジック・チラシ（実用新案取得）」のサンプル

「ご覧のメニューの中から食べてみたい！と思われたメニューを頭に浮かべてください！」と声をかけます。

マジック・チラシでサイドメニューの注文数UP！？

お客様が注文されたいメニューを当店スタッフが的中させます！
?!
POP
チャレンジされますか？
します！
豚の角煮
この中にありますか？
①鶏のからあげ
②餃子
③厚切りたまご
④ほっけ
⑤豚の角煮
⑥ポテトフライ
⑦焼きおにぎり
⑧豚汁
⑨天ぷら
⑩たこ焼き
⑪茶碗蒸し
⑫ティラミス
あなたが注文したいと思ったメニューは「豚の角煮」ですね？
この中にありますか？
あります。
この中にありますか？
ありません。
え〜！
この中にありますか？
あります。
この中にありますか？
ありません。
注文しますか？
します！

06-③ 活用ツール例 キラーメニューの構築

五感＝嗅覚・味覚・触覚・視覚・聴覚

ＥＸ/おでんでイメージしてみる

・香り（出汁の香り / ゆずおでん）

・味（具材によって違う「しみこみ」の出汁

・食感（日本人は触感に敏感、種モノに触感を工夫）

・見た目（茶色系＋α）

キラーメニューとは、そのお店しかない特別の人気メニューのことで、集客に大きく貢献しているメニューをいいます。

キラーメニューがあるかどうか、またどれくらいインパクトが強いかがお店が繁盛する重要な要素です。

どこのキラーメニューも、五感のいずれかに響くものが多いです。あり得ないサイズ、あり得ない組み合わせ、食べ方、など人の五感を刺激するような高単価（高利益）のメニューをぜひ検討してください。

▼キラーメニュー考案シート

ネーミングを考える	キャッチコピーは？	10 秒コメントを考える
そのメニューの色には特色はありませんか？	そのメニューの盛り付けなどにも特色はありませんか？（インスタ映え）	提供メニューの皿など、メニューの色との連携でヒントはないですか？
「香り」に特色はないですか？	「音」に特色はないですか？	「食感」に特色はないですか？
「味」は？思わず唾が出るような脳を刺激する味の特色はありませんか？	「料理の温度」には特色はないですか？	「雰囲気」「演出面」で特色はありませんか？

07 食の「安全」と「安心」を、しっかり伝える

後述する飲食店の未来予測でも触れますが、持続可能な飲食店の最低条件の重要な要素は、食の安全&安心です。

私のご支援させて頂いている飲食店さんには、食の「安全」と「安心」の7つ星推進を推奨させて頂いています。

内容は次のような内容です。

■食の「安全」に関する7つの項目

① 毎日、原材料の受入の確認を実施&記録している。

② 毎日、交差汚染・二次汚染の防止のための工夫と管理をしている。

③ 毎日、器具等の洗浄・消毒・殺菌を実施&記録している。

④ 毎日、トイレの洗浄・消毒、衛生的な手洗いの実施&記録している。

⑤ 毎日、作業員の健康管理・衛生的作業着の着用などの管理を実施&記録している。

⑥　毎日、冷蔵・冷蔵庫の温度の確認&記録している。
⑦　毎日、提供食材の温度管理の確認&記録している。
この7つの項目は、これまでに学習して頂いた衛生管理計画に基づくものです。

■食の「安心」に関する7つの項目

①　お客様の声を定期的に反映し改善している。
②　アレルギーについての確認・記載をしている。
③　トレーサビリティー（流通経路）を開示している。
④　料理・材料の説明記載をしている。
⑤　日々人間力に力を入れ、質やサービスの向上を図っている。
⑥　法律で義務化された衛生管理より一段上の衛生管理に努め、見える化している。
⑦　常に外部情報を入手し、お客様にとって適切な情報を様々な手法で公開している。
食の「安心」に関する7つの項目は、食中毒対策に限らず、広くお客様の安心を得られるための取り組みを行えているかどうかの項目になっています。

「安心」という概念の価値観は人によって違います。

ですので、食の「安心」の7つの項目を表記するのは難しいのですが、私の場合は、全国の外食ユーザー500人の方々から「食の安心」についてのアンケートを実施して、その結果を食の「安心」7つの項目として反映しています。

なお、この食の「安全」と「安心」に関する啓蒙活動は、これらの項目の実行が習慣化され、お店に堂々と掲示できる飲食店さんには、無料で、食の「安全」7つ星推進店、食の「安心」7つ星推進店のそれぞれステッカーをお配りしています。

お客様に堂々と「当店はHACCPの実践をしており、その証として、このステッカーを貼らせて頂いています！」と宣言できるお店が広がることが私の想いでもあります。

【第4章のまとめ】

□　ＨＡＣＣＰの取り組みをしながら売上アップにつなげることは可能。

□　売上は分解して考える。

□　沢山のアイデアを実行することが重要。

□　メニューの価値や体験型モデル等の工夫による販売促進を実行しよう。

□　キラーメニューを生み出すことは繁盛店の近道。

□　食の「安全」と「安心」の7つの項目を実践してお客様に「伝える」のではなく「伝わる」ことに意識を向ける。

飲食の未来と世界的な潮流
である
SDGsについて
考えてみませんか？

CHAPTER

5

飲食店は地域活性化の起点になる！

01 今後の飲食業

ＡＩや5Ｇなどの通信インフラの技術革新が業界を大きく変革させていくことは多くの方がイメージされていることかと思います。

国内も含めて、世界情勢が大きく変わっていく中、食についても大きな変化が予想されています。

逆に、人でしかできないこと、人だから生み出せる付加価値。このあたりの対策が永続的な発展には不可欠だと考えられます。

キーワードは「コト消費」から「イミ消費」です。

ＷＩＴＨコロナにおいては、フードデリバリーに特化したバーチャルレストランなどが定着していくと思いますが、導入期から成長期の手前では食の充足にスポットがあたっているので、成長期から成熟期へシフトした際には、フードデリバリーも単なる食の提供から、体験価値と同時にその食事によって、どのような社会課題を解決していけるのか?などが問われるようになります。

そのような未来を見据えて、飲食店だからできることとは何でしょうか?世界中の缶詰を集めたバーは、缶詰という食材から世界を感じることが出来ます。これも一つの体験と言えそうです。珍しいことや、投資が必要なこと以外でもできることはありそうです。身近なところにヒントがあるのかもしれません。

現在の日本では、なかなかイメージできないかもしれませんが、世界的な食糧危機が訪れることが予測されています。世界の人口動態や途上国の経済発展、新型コロナウイルス・パンデミックや紛争、気候変動など、様々な要因が、より一層加速させそうです。

そういった背景から、食材のロスに対する認識もいま以上に向上します。食の安全に対する認識も、今よりも強くなります。ですので、今のうちにリテールＨＡＣＣＰを当たり前以上にしておくべきなのです。

さらに、産地に関することや、栄養に関すること、こだわりに関すること、さまざまな情報というより学びへの関心も高まります。トレーサビリティー（製品の生産から消費までの追跡可能な状態）も今以上に明確な状態へと進むはずです。飲食店にとって、生産者から提供までの流れと、ＨＡＣＣＰという流れを確立しておくことは持続可能な体制へのベースとなります。

02 WITHコロナ。生活者の声に耳を傾けてみると・・・

みんな外食したい！

これまで外食をしていた外食ユーザーの方々は、メディアが報道しているようなイメージなのか？私は疑問に思い、全国500人の外食ユーザーにコロナウイルスと飲食店に関するアンケートを実施しましたので、本書で、関連する内容の一部をご紹介します（実施期間2020年6月30日～2020年7月6日）。

前提としては、以下のデータです。

外出自粛前の3ヶ月の時点で、ほぼ毎日外食の方は11％　週2～3回の方は40．8％　週1回程度が48．2％と外食される方に絞ってのアンケート実施です。（男女別、年代別は細かいので省略します）

質問①：新型コロナの外出自粛前のお気に入りの飲食店はありましたか？

答え①：「あった」が82．4％と、8割の方々がお気に入りのお店があったと回答しています。

質問②：1回目の緊急事態宣言解除後の外食経験と実施した外食の種類について（複数回答）

答え②：昼食62％
喫茶23％
夕食（飲酒なし）42．2％
夕食（飲酒あり）20．6％
朝食7．4％
飲酒メイン4％

質問①と②の回答結果から、週1回程度以上外食していた人は、大半がお気に入りのお店があり、緊急事態宣言解除後も多くの人が外食をしていると考えられます。

外食ユーザーにとって、飲食店での外食は、かけがいのない時間ということが言えます。

だけどみんな心配？

質問③：外食することによるコロナへの感染を心配する程度について

答え③：全く心配ではない4％
あまり心配ではない23．6％
どちらともいえない19％
やや心配39．4％
非常に心配14％

ヘビーな外食ユーザーでも、心配という方々が半数以上見えます。

一方で、どちらとも言えない方々も含めて半数以上みえます。

選挙で言えば、このどちらとも言えないという浮動票をどのように取り込むか？にヒントがあります。

つまり、どちらとも言えないと回答した方々は、コロナ感染に関しては、感染対策を万全に行っていることをお店側が提示し、その内容に安心頂ければ、来店されるということです。

では、どのようなことを心配しているのでしょうか？

質問④：外食時、コロナに感染するのではないかと心配に思うことはどのようなことですか？

答え④：同席者ではない近くの席の客から感染するかもしれない６５．８％
飲食店の店内の多くの人が集まっている５９．２％
店のドア、テーブル、イスなど設備から、感染するかもしれない４７．４％
店の従業員から感染するかもしれない４１．８％

飲食店の店内換気が悪そう４１．８％
店の取り皿、割り箸、スプーンなど備品から感染するかもしれない３２．４％

以上により、外食に慣れたユーザーであっても、やはり様々な心配をしていることが分かります。ただ、一見マイナスイメージに感じるかもしれませんが、一段上の食の安心・安全対策がなされ、そのことがしっかり見える化できていれば、常連さんは来店しやすくなると考えられます。

最近、コロナの拡散について飲食店がやり玉にあげられることがよくあります。食べる際には食べることに集中して、話をするときにはマスク着用、ものに触れたら携帯用消毒液でこまめに消毒するなど、ユーザーの姿勢とお店側のハード面や心構えの掛け算が成立すれば、今回のような飲食店が苦しむことはなくなるのではないかと強く感じます（私見なので賛否はあると思いますが）。

■このコロナ対策をしているなら行けると思う店は？の質問に対する個別回答

まとめ

●アルコール飲料の提供やカラオケ設備がない

●店内にいる最大人数に制限を設ける／人数を少なくして案内している／席数を以前より減らしている●完全個室／個室があるところがあればいいなと思います●予約制で人数制限している●検温している

●テラス席で食べられる／店内ではなくバルコニーとか / 屋外●密を回避できる座席になってること／テーブルは 1m 以上離す／客席の間隔が広いこと●個人の飲食スペースをパーテーション分けしていること／席と隣の席をアクリル板やビニールシートなどで仕切る

●換気を常に行っている／ 30 分毎・1 時間毎などに換気対策をする

●アルコール除菌がおいてある／除菌シートの設置 / テーブルごとにアルコールを置く●テーブルごとにアルコール除菌／テーブルにアルコール消毒済みと記載●お客様が入れ替わるごとに徹底消毒／お客が使うものを毎回拭いている／テーブルクロスなど消毒が完璧なこと●トイレなどの消毒が行き届いていること●接客やレジ精算ごとにアルコール消毒をする

●使い捨ての皿や箸／スプーン・フォーク・ナイフ・箸などカトラリー品は消毒し１セットずつ袋に入れる／共有だったものが、使い捨てに変わっていること●タブレットでの注文

●店員のフェイスガード／客と店員の手指消毒を徹底している／スタッフはマスク●従業員の健康・衛生の徹底●手袋を着用●店員の検温●従業員が気をつけている様子が伺える●係が２m以内に接近しないこと

●携帯などの情報提示／行われている対策がしっかり掲示されているお店

上記の内容は、当時各店であまり実施されていなかった内容ですが、今では当たり前になっています。

03 WITHコロナで衛生管理の重要度は飛躍的に上がった

もともと衛生管理についての注目度は近年上がっていました。それは、飲食業の国際的な標準化や競争力の強化であったり、HACCPの義務化などが背中を押していたところはあったと思います。

コロナ危機が訪れ、状況はこれまで以上に衛生管理が注目されるようになりました。外食へビーユーザーでさえも来店をためらってしまう。消費者のマインドは大きく変化し、衛生管理が不十分なお店は市場から淘汰される可能性さえ感じます。

しかしこれはピンチでもありチャンスといえます。前向きに取り組めば、お店の評価は高くなるからです。

この時期に一段上の衛生管理を達成し、**そのことをしっかり見える化**しながらお客様への信頼構築と地域との関わりを濃くしていくことが重要です。

04

ＳＤＧｓと飲食業

SDGｓ17の目標

ＳＤＧｓという言葉を聞いたことはあるでしょうか？

最近は大企業がＨＰやパンフレットに掲載したり、ＴＶＣＭなどで発信したりなど、目にするようになりました。

また、会社勤めの方は、背広にカラフルなマークのバッジを付けている人を見たことがあるかもしれません。

ＳＤＧｓとは「Sustainable Development Goals」の略称で、「持続可能な開発目標」という意味です。

このＳＤＧｓは、国連サミットで採択され、国連加盟国が２０１６年から２０３０年の１５年間で達成するために掲げた「１７の目標と１６９のターゲット」から構成されています。

シンプルに言えば、地球が抱える問題を解決するための世界共通の目標を１７つに大きく区分しています。

例えば、目標の1は「貧困をなくそう（あらゆる場所で、あらゆる形態の貧困に終止符を打つ）」という目標です。「国連で採択された内容で途上国のための目標でしょ?」と思われるかもしれませんが、あらゆる場所で、あらゆる形態の貧困に終止符を打つと言っています。

途上国も発展をしてきており、貧困状況は減少していますが、1日に１．９０ドル（約２００円）で暮らす人たちが、２０１５年では7億３４００万人もいたそうです。

世界銀行が2年に1度発行している「貧困と繁栄の共有レポート」２０２０年度版の報告によると、２０１５年から２０１７年の3年間は減少幅が鈍化し、新型コロナウイルス・パンデミックなどの影響で増加に転じている事態になっているようです。

では、日本は関係ないのでしょうか?

公共広告機構のＴＶＣＭでも観られた方もいると思いますが、厚生労働省によれば、日本の子どもの貧困率は１３．９％（２０１５年）で、１７歳以下の子どもの約７人に１人が経済的に困難な状況にあるということです。

あらゆる場所で、あらゆる形態の貧困に終止符を打つというのは国の状況によって違うだけで日本には日本の貧困が存在するということです。そのような国内事情の中、こども食堂が全国に拡がっています。

こども食堂とは、地域住民や自治体が主体となって、無料または低価格で子どもたちに食事を提供するコミュニティの場のことですが、この活動はＳＤＧｓの目標1を解決するための一つと言えます。

■ＳＤＧｓはボランティア？

こども食堂は一つの例として紹介しましたが、確かにボランティア要素の高い活動です。

でも、無償提供などの部分だけを切り取れば、ボランティアですが、違う角度、切り口（点ではなく立体）で俯瞰すると利益にも繋がっていきます。

言葉を選ばずに言えば、ＳＤＧｓは商いを行う上で大きな広がりや繋がりのチャンスを生み出します。

このように、社会の問題や課題を解決しながら、お店が利益を出していく・・・。

それがＳＤＧｓです。

各業界でＳＤＧｓは成立しますが、飲食に関しても、社会課題を解決して利益を生み出す考え方や実践はたくさん存在します。

SDGs はボランティア
だと考えがちだけど
少し違うみたい。

■社会課題を解決して利益を出している企業の例

国の1年間のごみ処理の費用は約2兆円で、食品廃棄物に関しては、国内で年間約1700万トンが排出され、このうち、本来食べられるのに廃棄されているもの、いわゆる「食品ロス」は、年間約500～800万トン含まれるそうです。

また、さらに1700万トンのうちの約641万トンが食品関連事業者で、うち可食部分と考えられる量は300～400万トンだそうです。（資料：農林水産省及び環境省の統計資料を基に農林水産省にて試算　平成22年度推計）

税金は誰が払っているかと言えば国民です。国だけでなく、地方自治体にも払っています。町民税、市民税、県民税・・。どれだけの種類の税金があるの?というくらい、あらゆる税金を私たちは払っています。

この税金を削減できれば市民は少しでも楽にならないか?そんなSDGs的発想でガッチリ稼いでいる会社さんをご紹介します。

その会社は、株式会社日本フードエコロジーセンター（以下「J.FEC」）という会社（獣医免許を持つ髙橋巧一社長）で、事業内容は、食品リサイクル事業（廃棄物処分業、飼料製造業、その他）です。

収集運搬業者と提携して180か所以上の事業所から約35t／日の食品循環資源を受け入れ、約42t／日のリキッド発酵飼料を製造して、主に関東近郊の15戸を超える契約養豚事業者に提供しています。

前述のとおり、国内の食品廃棄物のうち約641万トンが食品関連事業者で、うち可食部分と考えられる量は300～400万トン。この中には、期限切れの商品や残飯などが含まれるわけですが、飲食店、レストラン等の事業者は、お金を払って処理しています。

そこで、j.FEC の高橋社長は、食品廃棄物など（以下「食品循環資源」）を従来の引き取り処分価格よりも低価格で回収します。

飲食店、レストラン等の事業者にとっては費用削減になります。次にその食品循環資源を独自の技術で豚の飼料に加工します。その飼料を養豚場に従来の仕入価格の半額くらいで販売します。養豚場は通常の半額以下で、しかも栄養価の高い飼料が買えるので助かります。

さらに、その飼料で育った豚さん達をブランド化して、食品循環資源を回収している飲食店、レストラン等の事業者や百貨店で販売します。j.FEC は原料を廉価で入手して、直接、養豚場に販売しますので、問屋も通過しないため利益幅も出ます。製造原価は家賃＋減価償却費＋人件費＋水道光熱費くらいとのことです。

この循環は、食品ロス解決、税金削減、地産地消など社会の課題を解決しながら、通常の商売よりも利益の高いビジネスモデルだと思いませんか？　さらに、食品循環資源の分別に障がい者の方に就労支援の場としているそうです。

これもＳＤＧｓの考え方に沿った姿が反映されています。

「うちでは、そんなこと思い浮かばない」、「規模が大きい会社だからできるんだ」などと言われますが、発想はどれだけでも生まれるますし、発想の方法もあります。ちなみにご紹介したj.FECはパートさん含めて３５名の会社だそうです。

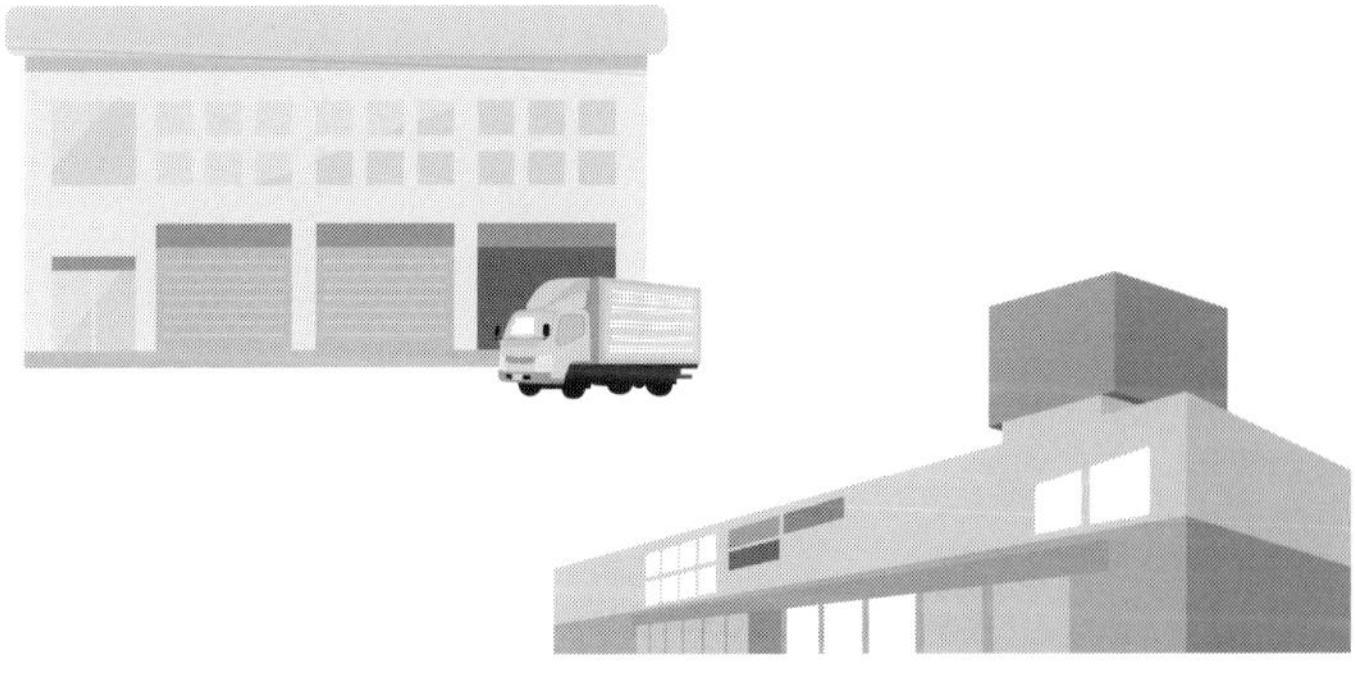

05 SDGsと持続可能な飲食店の関係

前述でご紹介した飲食業の未来予測やＳＤＧｓ的思考で店舗を構築することが非常に！非常に重要です。

これまでの繁盛店の要素を大きくピックアップしてみると、①美味しい！（味）②雰囲気がいい！（空間や時間）③店員さんの感じがいい！（接客・サービス）④提供メニューや店内の外観（インスタ映え）＆五感（香り・色・音・食感・味覚）。だいたい上記の４要素の何れかが特化していたり、バランスがよいお店だったはずです。

そして、それらの４つの要素をベースに飲食店は前述（第４章１４５ページ）でご紹介した「売上＝客数 × 客単価」の公式やＦＬＰ（Ｆ：食材原価、Ｌ：人件費、Ｐ：賃料）という費用の工夫なども考慮して頑張っていますし、そこはこれからも重要な要素です。

一方で、これから持続可能な繁盛店を構築するには、社会の課題を解決することで、利益を生む世の中にシフトしていきます。

ＳＤＧｓ的考え方でお店の運営（事業計画）を推し進めていくことで、良い人材も来てくれます。

これからの若い人たちは給料よりも自分が社会の役に立っている仕事ができるかどうかのウエイトが高くなるからです。

ちなみに2020年から小学校でSDGsの内容が指導要領に組み込まれました。2021年から中学校、2022年から高等学校に組み込まれていきます。教育のパワーを何年か後に知ることになるでしょう。

06 具体的な飲食店の取り組みについて

前述のとおり、これからはこれまで以上に社会の課題を解決しながら、しっかり利益を出し事業を遂行していかなければならない時代になります。

では、どのような考え方で自分のお店や事業に当てはめていけばよいのでしょうか?

以下、著者が現状考えられる考え方や手法について書かせて頂きます(本書ではSDGsの歴史や詳細内容は紙面の都合上、かなりカットしていますので、SDGsについて、詳しく知りたい方は、専門の書籍などをご確認ください)。

① まず、飲食に関わる社会の課題は何か?を考えてみる。

② 次に、現在、自店で取り組んでいる、あるいは自店で取り組めそうな社会の課題を解決できる内容を決めます。

正解かどうかではなく、できそうなことです。ですので、個人的な見解ですが、途中で方向転換しても新しい内容でも良いと思います。

③　ＳＤＧｓの１７の目標設定をして、外部に発信し、経営に組み込みます。社会の課題の模索と同時に自店のあるべき姿をイメージしてみます。（第3章126ページ）あなたの会社・お店の存在意義です。

このような手法をアウトサイドイン（社会の課題から自分たちのお店へと絞り込んでいく手法）と言います。

そして、今の現状から考えるのではなく、そのあるべき姿（社会課題の解決）から逆算して、そこに行き着くために何をどのように実行していくのかを考えます。これをバックキャスティングと言います。

07

具体的にSDGsの各目標と社会の課題をリンクさせてみる

【図A】

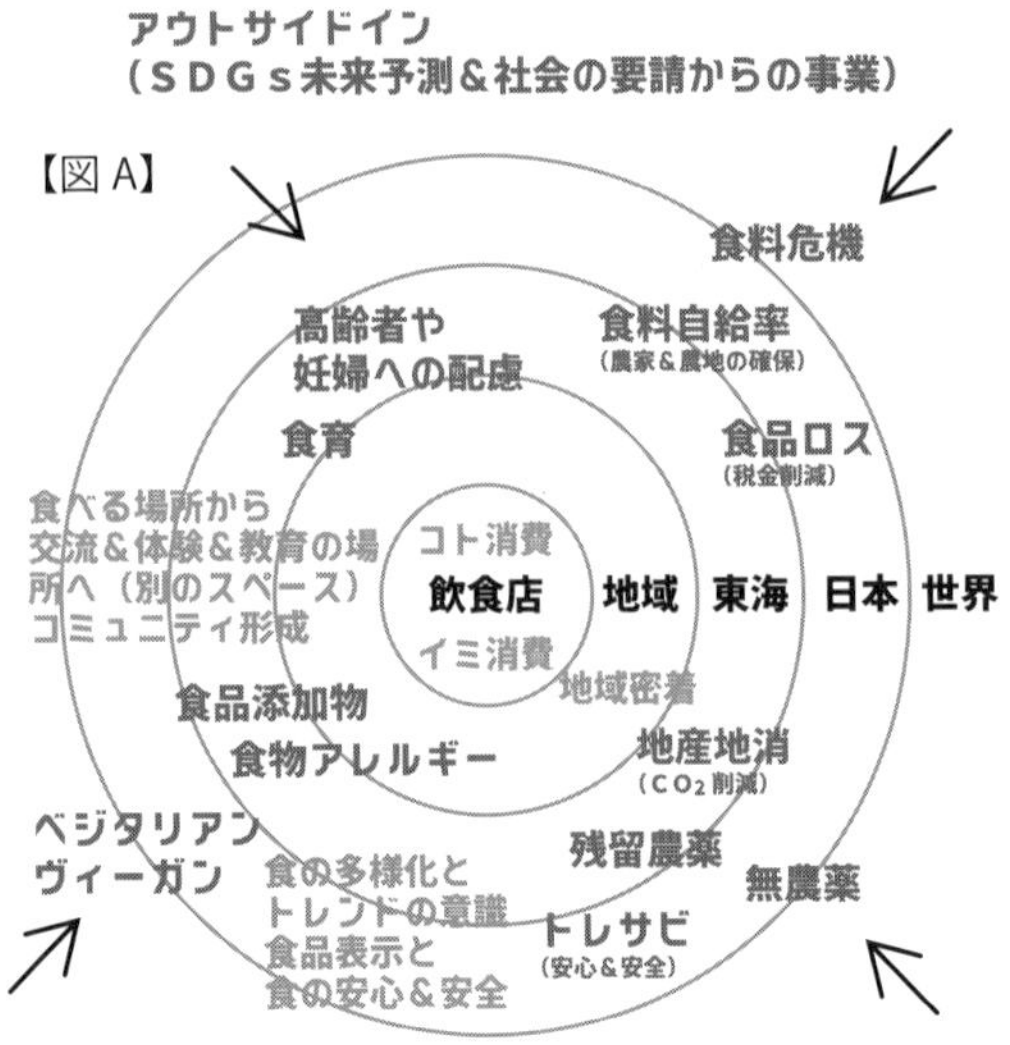

図Aをもとに説明します。

仮にあなたのお店が東海3県（愛知・岐阜・三重）に所在するお店だったとします。

そこで、SDGsの17の目標の中で、飲食に関する世界で解決すべき課題を考えてみます。

食料危機、トレーサビリティー（食品の安全なルート）、ベジタリアンやヴィーガンへの配慮、農薬問題、農地の確保などがイメージできます。

（これらの課題は日本国内の課題と重複しますが…）

次に日本国内はどうでしょうか？食料自給率、

食品ロス問題、食品添加物、食物アレルギー、高齢者や妊婦への配慮や食育問題、残留農薬などが浮かんできます。地域については、地産地消などの地域の課題も浮かびます。こども食堂もこの中のグループとも言えます。

前述のとおり、こども食堂はＳＤＧｓ目標1の貧困をなくそうという目標に当てはまります。食料危機や食料自給率はＳＤＧｓの目標2（飢餓をゼロに）に、当てはまりそうです。

そして自店を取り巻く地域です。高齢者や妊婦への配慮はすべての人に健康と福祉をという目標3、食品添加物や残留農薬などはつくる責任つかう責任の目標12といった具合です。

ちなみに図Ａには記載していませんが、リテールＨＡＣＣＰはＳＤＧｓの目標12（つくる責任つかう責任）や、ＳＤＧｓの目標8（働きがいも経済成長）にも該当します。

次に自分のお店に当てはめて考えて見ましょう。

そのキーワードが「コト消費」と「イミ消費」です。「コト消費」とは体験です。未来予測のところでも記述しましたが、既に飲食の現場は食べるスペースから体験価値が要求されています。

さらに時代は進化して、「私たちがこのお店で食事をすることで、世の中のためになっている」という満足や社会貢献への意識の高い外食ユーザーが増えてきます。

08

飲食店が実行できる社会課題解決のシナリオ

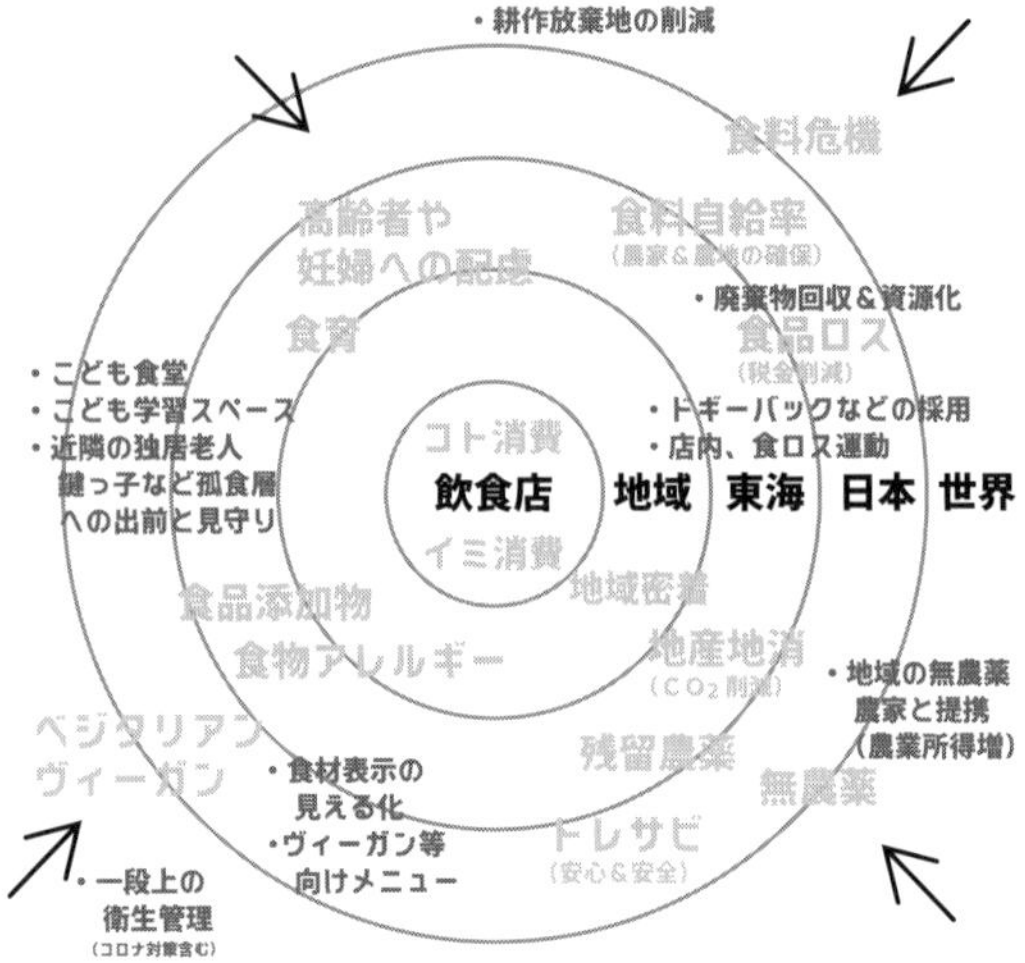

前ページでピックアップした社会の課題に対して飲食店ができる内容をピックアップしてみたのが上記の図です。

食料危機や食料自給率の課題の場合、耕作放棄地の削減（有効活用）がイメージできる項目です。耕作放棄地の削減（有効活用）は、ＳＤＧｓ１７の目標の中の目標２の「飢餓をゼロ」（飢餓に終止符を打ち、食料の安定確保と栄養状態の改善を達成するとともに、持続可能な農業を推進する）に該当しますし、目標１５の「陸の豊かさも守ろう」（陸上生態系の保護、回復および持続可能な利用の推進、森林の持続可能な管理、砂漠化への対処、土地劣化の阻止および逆転、ならびに生物多様性損失の阻止を図る）にも該当しそうです。ＳＤＤｓの目標との合致は一つの手段に過ぎません。

重要なことは自店とその課題を繋げて解決することで、どのような現象が起こって、どのような利益の循環が発生するかです。専門家の方は環境や資源、社会、経済の相互持続的思考による複数課題の同時解決（Triple Win）などとも言っています。

もう少し具体的にイメージしてみましょう。以下はイメージストーリーです。

あなたは、地域の耕作放棄地を復活させて、自店で無農薬の大豆を栽培することにしました。その無農薬大豆の栽培は地元農家の方に協力してもらいながら、地元ブランド大豆としてあなたのお店が仕入れ、地元の味噌屋に加工してもらい、その味噌を原材料にしたオリジナルヘルシー味噌ラーメンがヒットしました。

ヒットした理由は、無農薬で地元産であったこと、生産者の顔も見えて、生産から加工までの過程（トレーサビリティー）が明確であったことがわかりました。また、お店の裏の倉庫で、無農薬大豆の「もやし」を栽培することを学んでもらう食育を地域の子ども達に始めました。そうしたら、その子ども達のお母さんがお店に来てくれるようになりました。子ども達から話を聞いて関心を持ったためでした。

あなたはなんとなく感じ始めました。

まずは、自分のお店ができる範囲で社会課題を解決することと自分のお店が提供しているサービスや商品を繋げることで、何度も来店してくれるお客様が増えてきたことを。自分が思っていた以上に、社会課題に対する意識の高い消費者が増えていることを・・。

このストーリーは、私がイメージしたストーリーで実話ではありませんが、SDGs的思考で活動され社会の課題解決と増益を達成されている実例はたくさんあります。そのあたりの実例はSDGsの書籍等で、ぜひ、学習して頂きたいです。

最後に、これまでの内容をもとに「飲食店でできること・すべきこと」として一覧にまとめましたので自店への取り組みの参考にして頂ければ幸いです。

飲食店で、できること。すべきこと。
全て見える化
リテールHACCP
一段上の衛生管理
（コロナ対策含む）
TAKE OUT
ドギーバックなどの
採用。店内での食ロス
啓蒙活動と実施
廃棄物処理の仕組み
※買い取ってもらい、
提携農家の飼料に
小麦
そば
カニ
エビ
アレルギーなどの
提供メニューへの表示
※繁盛店は実施多い
子ども食堂
子ども学習スペース
大人のやりがい
ベジタリアン
ヴィーガン対策の
メニュー構築
近隣自治体、学校と
の繋がりと独居老人
や鍵っ子の見守り
コロナ対策と体験型
モデルの構築。
トレサビ（生産者表示）

【第5章のまとめ】

□ 今後10年間の飲食業界のトレンドを先取りして、自店でできることから進めていく。

□ リテールHACCPの取り組みをまずは習慣化させ、さらに進化させていく。

□ WITHコロナは、消費者の声に耳を傾け、一段上の衛生管理を実行しその事実を店内で見える化する。

□ 衛生管理に対する消費者の意識は格段に上がっていく。一歩先の飲食店を意識する。

□ 世界的な潮流であるSDGsを理解してみる。

□ SDGsはボランティアではなく、会社の利益と相反するものではない。飲食店にできることもたくさんある。

□ 自分のお店がどのようにSDGsと関わっていけるか?具体的なイメージを持つ。飲食店の未来においてSDGs的思考は持続可能な繁盛飲食店の必須思考。

おわりに

最後まで本書をお読み頂き、ありがとうございます。

唐突ですが、読者の皆さんは、仕事が楽しい！充実した毎日です！と自信を持って言えますか？私は現在もその答えを求めながら、日々過ごしています。

私のこれまでの歩みも山（楽しかったこと）有り、谷（辛かったこと）有りの人生でしたが、その山を切り取って谷に埋めて振り返ってみると平坦な道でした。

人によって、その山の高さや谷の深さは違うかもしれませんが、人生という道程で、どの人も仕事の時間のウエイトが高い中、仕事をするにしても、やはり、充実した時間でありたいという想いは同じではないかと思います。


本書のメインはリテールＨＡＣＣＰでしたが、人間力や場力、マーケティング、１０年後の飲食の姿、ＳＤＧｓの概要にまで踏み込みました。

出版の専門家からは、そんな広い範囲の本は中途半端で誰も読まないとも言われましたが、私の中では、どうしてもリテールＨＡＣＣＰの解説書のようなものではなく、飲食店を経営されている経営者の方々、そこで働くスタッフの方々が、何らかの壁に突き当たった時に読み返して頂き、「持続可能な繁盛飲食店構築のためのバイブル的存在の１冊として活用してもらいたい！」そんなワガママな意図がありました。

リテールＨＡＣＣＰの実施は、あくまでキッカケで、そこから波及する様々な要素が立体的にリンクすることを感じて頂けたなら、本書の目的は少しだけ果たせたのではないかと思います。

これからの時代は、ますます自分らしく、楽しく働くことが当たり前の時代になっていくと考えています。

私の仕事をするうえで大切にしていることは左記のとおりです。

ワオー！（斬新×創造）　ワクワク（楽しい×熱中）　サプライズ（感動×驚き）
サティスファイ（満足×結果）
価値と感動の探求と共有を二人三脚で！

・その仕事は斬新で創造的か？
・楽しくて熱中できるか？
・驚きや感動が伴うか？
・結果と満足が得られるか？
そんな価値と感動を一緒に考えて共有できればいい！

この世界観は、30年以上の仕事人生において、絶えず意識してきたことです。

ですので、私は数々の失敗（＝経験）もありましたが、いろいろな挑戦をしてきましたし、これからもチャレンジしていくつもりです。

今回の本は、食品衛生法の改正に対応した小規模飲食事業者の方々（特に飲食店）向けの内容ですが、どの業界も大きなパラダイムシフトが必要な時代に入っていると強く感じます。

飲食店は地域活性化の起点となります！
コロナの影響で一時的に宅配ビジネスが拡大し、店舗型の飲食スタイルが見直されています。

本書の未来予測でもご紹介しましたが、飲食店の姿は変容します。地域の中心的な存在になり、地域の安全保障をカバーしていくポジションを築き上げていくと思います。
数多い書籍の中から本書を選択して頂いたあなたには、リスクヘッジしながら、新たな飲食店の姿を築き上げてほしいと思います。

最後に、本書のような欲張りな内容に賛同して頂き、出版の決断をして頂いた日本橋出版の大島社長、編集のお手伝いをして頂いた関西 Omise マーケティングの西川さん、リテールＨＡＣＣＰの実践に協力頂いた飲食店の皆さん、ありがとうございます。
この場を借りて感謝申し上げます。

神宮司　道宏

参考資料

・ＨＡＣＣＰの考え方を取り入れた衛生管理のための手引書（小規模な一般飲食店事業者向け）
平成31年2月改訂／公益社団法人日本食品衛生協会
・平成３０年食品衛生法等改正の解説：逐条解説・段階施行対応版／厚生労働省医薬生活衛生局生活衛生食品安全企画課
・食品衛生のプロが教える飲食店のＨＡＣＣＰがよくわかる本（大坪晏子／村岡滋／高橋信／今泉真昭著／旭屋出版）
・ビジュアル図解　飲食店の品質管理のしくみがわかる本（渡邉常和著／同文舘出版）

#『著者紹介】

神宮司 道宏（じんぐうじ みちひろ）

●1962年、三重県生まれ。四日市南高等学校→中央大学法学部法律学科卒。

市民法務・行政書士事務所運営（行政書士歴30年)。特定行政書士。

民事法務、会社設立・中小企業支援など、各専門家と連携したワンストップ・リーガルとして幅広く業務に取り組む。

●2018年6月の食品衛生法改正公布に伴い、ＨＡＣＣＰに関する情報収集や小さな飲食店でも実践できる「日めくり管理記録カレンダー（実用新案登録)」を考案し、リテールＨＡＣＣＰの普及に努めている。

●その他、持続可能な飲食店の構築７つのステッププログラムを開発。現場で取り入れ一定の成果を上げファシリテート先も増えている。

●また、SDGs ビジネス マスターとして SDGs の普及活動で飲食店を起点とした地域創生にも力を入れている。

●一般社団法人特化エキスパート・推進協議会 代表理事

特化エキスパート®という分野の確立で自己肯定感の高い人々で溢れる未来を！

プロ中のプロ（＝特化エキスパート®）達が、培ってきた智慧［知的財産＝暗黙知］を共有、活性化、進化させ、個人や団体が自立［自律］、独自の価値を創造し、社会課題を解決しながら、その輪を拡げ、人間味ある社会を創っていきたい！

これから、 挑戦したいこと

・厨房へ GO ！

全国の HACCP 実施飲食店さんの厨房で働く姿を取材して、YouTube で紹介したい！そして、行く先々のお店で食事して地域と触れるライフワーク。

また、山の中に自分で家を建てて、山羊や鶏を飼い、新農業の実験もしながら、地域の農業も元気になればいいな。そんな体験を、全国を巡って講演もしたい。そして、やっぱり、その講演先で食事と地域の人たちとふれあい（笑）。

・飲食店が地域活性化の起点になることを、飲食関係者、生活者、学生の方々など、多くの人に知ってもらいたい。そのためにギネスにも挑戦してみたい！

・HACCP 体制構築と SDGs ビジネスモデルのかけ算で地域に愛されて、ずっと、ずっと続く、行列の絶えない飲食店が増えたらいいな。

・誰でも簡単に！短時間で！業務に支障が出ない効率的な計画書の作成と実行を進めながら、売り上げやお店の場力も一緒に上げていける講座も準備中。

食品衛生法改正　対応　飲食店ＨＡＣＣＰ

保健所も納得！計画書作成　時間短縮　初級講座［２０２１年５月開講予定]

✓リテールＨＡＣＣＰ特化エキスパート®アドバイザー認定対象講座（認定証発行）

✓食の安全＆食の安心７つ星推進店ステッカー

✓オリジナル記入シート　バージョンアップ版

✓日めくり管理記録カレンダー　バージョンアップ版

✓毎月１回の販売推進事例動画

✓計画書添削（作成はご本人原則）

✓マジック・チラシなど、様々な販促ツール

実用新案取得　日めくり管理記録カレンダー

［衛生管理編／重要管理点＆衛生管理編］

衛生管理計画書作成オリジナル記入シート

重要管理点計画書作成オリジナル記入シート

無料ダウンロードＵＲＬはこちら👇

https://tokkaexpert.com/?page_id=659

市民法務・行政書士事務所

https://shimin-houmu.jp/

一般社団法人

特化エキスパート推進協議会

①https://retail-haccp.jp/

②https://tokkaexpert.com/

HACCP 関連サイト

https://mini-haccp.com/

厨房へ GO ！

https://www.youtube.com/channel/

UC6EcbuesClyCjqi3J0hN_Eg

持続可能な繁盛飲食店になる！
HACCP(ハサップ)を逆利用してガッチリ

2021年2月28日　初版第1刷発行

著　者　　神宮司道宏
発行者　　日本橋出版
〒103-0023　東京都中央区日本橋本町2-3-15
共同ビル新本町5階
電話　03(6273)2638
https://nihonbashi-pub.co.jp/

発売元　　星雲社（共同出版社・流通責任出版社）
〒112-0005　東京都文京区水道1-3-30

印刷・製本　株式会社光邦

ISBN 978-4-434-28498-4　C0034